Divin BAHOUNA

DE L'OMBRE À LA LUMIÈRE

Triompher de l'échec par la puissance du Saint-Esprit

Volume 1

Editions & Distributions : Kiéssé Editions

Blog : indispensablesaintesprit.com

Courriel : contact@indispensablesaintesprit.com

Première impression : Mai 2025

Design de couverture : Luther Dogbla

Dépôt légal : 2e trimestre 2025

ISBN : 979-10-976659-0-6

EAN : 9791097665906

Les citations bibliques utilisées dans le présent ouvrage sont extraites des versions suivantes : Semeur, Segond 21, Martin. Lorsque la version biblique n'est pas précisée, la traduction utilisée est la version Segond 1910.

DÉDICACE

À toi, à qui j'ai consacré ma jeunesse et toute ma vie, à toi qui es la source de mon inspiration :

«L'INDISPENSABLE SAINT-ESPRIT.»

PRÉFACE

L' «Échec» : un mot lourd de conséquences, souvent accompagné de honte, de douleur et de résignation. Qui n'a jamais ressenti le poids d'un revers, d'un projet avorté, d'un rêve brisé ? Trop souvent, nous voyons l'échec comme une fin, un mur infranchissable qui nous enferme dans la frustration et le doute. Mais, et si nous avions tort ? Et si l'échec était, en réalité, une porte d'entrée vers la croissance, la maturité et l'accomplissement ?

Dans Triompher de l'échec par la puissance du Saint-Esprit, Divin Bahouna nous livre un message puissant et libérateur : l'échec n'est pas une condamnation, mais une opportunité. À travers une étude profonde de la

Parole de Dieu et des principes spirituels essentiels, il nous révèle comment transformer chaque épreuve en un tremplin vers la destinée que Dieu a préparée pour nous.

Ce livre ne se contente pas d'offrir des encouragements. Il est un guide pratique et inspirant, qui nous équipe avec des stratégies concrètes pour rebondir, renouveler notre mentalité et marcher dans la victoire. Il nous rappelle que les plus grands hommes de Dieu – Moïse, David, Pierre – ont tous connu l'échec. Pourtant, sous l'impulsion du Saint-Esprit, leurs défaites se sont transformées en témoignages de triomphe.

À travers ces pages, vous découvrirez comment :

- Changer votre perception de l'échec et le voir comme un outil de formation divine.

- Laisser le Saint-Esprit vous guider à travers vos moments les plus sombres.

- Tirer des leçons de chaque revers et en faire une force motrice pour avancer.

- Expérimenter la restauration et la puissance transformatrice de Dieu.

L'approche de l'auteur est à la fois biblique et profondément humaine. Il ne se contente pas de théories abstraites, mais partage des principes applicables, renforcés par des exemples concrets et des vérités spirituelles percutantes. Ce livre s'adresse à tous : à celui qui lutte dans l'ombre avec ses échecs, à celle qui doute de sa capacité à se relever, au leader qui cherche à rebondir après un revers. L'échec fait partie de la vie, mais il ne doit jamais définir notre avenir. Avec ce livre entre vos mains, vous avez l'opportunité de changer votre regard sur vos défis passés et d'embrasser un avenir où chaque obstacle devient une marche vers votre destinée. Laissez-vous guider par cet enseignement, ouvrez votre cœur au Saint-Esprit, et préparez-vous à voir vos échecs sous un nouveau jour. Car avec Dieu, chaque chute peut devenir le début d'une ascension glorieuse.

Bonne lecture et que votre parcours vers la victoire commence dès maintenant !

Thierry BONDA

INTRODUCTION

Qui peut prétendre n'avoir jamais connu d'échec, d'erreur ou d'insuccès de toute sa vie ? Il est presque impossible qu'une telle personne existe. L'échec est une expérience universelle, que chacun de nous rencontre à un moment ou un autre de sa vie.

À un moment donné, chacun fait face à des revers ou à des échecs, que ce soit une perte d'emploi, un projet d'affaires qui échoue, des relations brisées, ou encore des difficultés scolaires. Les échecs peuvent aussi être majeurs, comme une faillite financière, un divorce ou des choix de vie ayant de lourdes conséquences.

Cependant, chaque échec, chaque erreur, chaque défaite a une leçon à nous enseigner. Pourtant, nous ne prenons pas toujours le temps d'analyser ces expériences pour en tirer les enseignements qui pourraient nous faire grandir. Dans notre quête effrénée de succès, nous sommes souvent paralysés par la peur de l'échec. Nous avons été conditionnés à considérer l'échec comme un ennemi à éviter à tout prix, comme une tache indélébile sur le chemin de la réussite.

Ce livre vous propose un changement de regard : ne plus voir l'échec comme un adversaire, mais comme un allié sur le chemin de votre réussite.

Si vous avez déjà ressenti le poids de l'échec, si vous avez connu des moments de doute ou d'incertitude, rassurez-vous: vous n'êtes pas seul(e). Dans ces pages, vous découvrirez les causes profondes de nombreux échecs que nous vivons et apprendrez à y faire face avec plus de sagesse et de force.

Ma prière, c'est qu'à la fin de ce livre, votre regard sur l'échec change complètement. Que vous décidiez d'affronter les échecs du passé qui continuent d'influencer votre présent. Que vous soyez aussi prêt(e) à surmonter les échecs présents et à prévenir ceux qui pourraient survenir dans le futur.

Que le Saint-Esprit illumine les yeux de votre cœur, afin que vous puissiez voir les échecs autrement et triompher en toutes choses, au nom puissant de Jésus.

PARTIE 1

COMPRENDRE L'ÉCHEC

CHAPITRE 1

7 CAUSES MAJEURES QUI CONDUISENT A L'ÉCHEC

« Telle voie paraît droite à un homme, mais son issue, c'est la voie de la mort. »
Proverbes 14 : 12

Tous les échecs qui surviennent dans la vie d'une personne n'ont pas la même origine. Certains sont causés par des choix personnels, d'autres par des attaques spirituelles. Les causes sont multiples, variées et souvent profondément liées à la personne, à son contexte et à sa marche avec Dieu.

Il est donc très important d'apprendre à discerner la cause de l'échec afin de pouvoir le traiter efficacement de la bonne manière avec les outils appropriés.

Dans ce chapitre, je vous présente 7 causes majeures qui conduisent à l'échec. Ce sont des attitudes, des choix ou des comportements qui, lorsqu'ils sont ignorés ou négligés, ouvrent la porte à l'échec, à la confusion, à la stagnation, voire à la destruction.

1. LES ÉCHECS SURVIENNENT LORSQUE VOUS CHOISISSEZ DE DÉSOBÉIR A DIEU, ALORS QUE VOUS CONNAISSEZ SA VOLONTÉ

L'une des causes fondamentales de l'échec est la désobéissance à la volonté de Dieu. Cette désobéissance peut se manifester de deux manières principales : le refus de suivre les directives de Dieu et la rébellion contre sa parole.

Refuser de suivre les directives de Dieu

Lorsqu'une personne choisit d'ignorer une direction clairement donnée par Dieu, que ce soit à travers une conviction personnelle, une parole prophétique ou une compréhension des Écritures, elle s'engage sur un chemin dangereux. Dieu, dans son omniscience, connaît la fin de toute chose avant même son commencement. Pour être plus précis, Dieu connaît le passé, le présent et l'avenir de chacun.

De ce fait, Il est pleinement conscient de la destination de la voie que nous prenons, tandis que nous n'avons qu'une perception limitée au présent. Et lorsque nous décidons d'agir uniquement selon notre propre compréhension de la situation actuelle, en ignorant la directive que Dieu nous donne, Il peut décider de s'interposer sur notre chemin. Notre seule véritable protection réside dans notre obéissance à Dieu.

C'est exactement ce qui est arrivé à Jonas. Alors que Dieu lui demandait d'aller à Ninive, Jonas choisit de se rendre à Tarsis. Cependant, Dieu lui fit comprendre que sa désobéissance ne le mènerait pas à Tarsis, ni à aucun autre endroit où il souhaiterait aller. Dieu savait parfaitement où cette voie menait Jonas. Voilà pourquoi il déclare :

> *« J'en prends aujourd'hui à témoin contre vous le ciel et la terre : j'ai mis devant toi la vie et la mort, la bénédiction et la malédiction. Choisis la vie, afin que tu vives, toi et ta postérité. »*
> ***Deutéronome 30 : 19***

Refuser de suivre les directives de Dieu, sous prétexte qu'elles sont démodées, obsolètes, non conventionnelles, dépassées, ou incompatibles avec nos attentes, expose systématiquement à l'échec. Et même dans les rares cas où ces choix semblent fonctionner, il s'agit d'une illusion, une ruse du diable, car la finalité sera désastreuse.

En tant qu'enfant de Dieu, notre seule garantie de succès repose sur notre obéissance à Dieu. La désobéissance à Ses directives nous prive de Sa couverture et de Sa bénédiction.

L'Apôtre Yvan Castanou l'a illustré une fois dans ces termes : *«lorsqu'un ministre d'État part en voyage d'affaires ou en mission officielle, il agit sous l'autorité et la couverture de son gouvernement. Il est protégé et bénéficie de toutes les sécurités de l'Etat. Mais hors mission, il est exposé, car il n'agit plus sous mandat.»*

De même, dans notre marche quotidienne avec Dieu, notre seule protection se trouve lorsque nous faisons ce qu'Il nous demande de faire et que nous n'essayons pas de faire des choses par nous-même selon nos propres désirs et notre propre volonté.

La peur de l'inconnu

Plusieurs personnes désobéissent à Dieu non pas parce qu'ils le veulent, mais parce qu'ils ont peur de ce qui va se passer. Elles veulent avoir le contrôle de tout, comprendre tout le chemin, toute la direction avant de pouvoir dire oui à Sa volonté. Elles ont du mal à sortir de leur zone de confort pour suivre un chemin dont elles n'ont aucune maîtrise. C'est ce qui s'est passé avec Abraham, Dieu lui dit

> *« Va-t'en de ton pays, de ta patrie et de la maison de ton père, dans le pays que je te montrerai. »*
> ***Genèse 12 : 1***

Dieu demandait à Abraham de tout quitter : ses attaches familiales, son pays natal, sa sécurité matérielle, pour suivre une voie inconnue. Seulement, Abraham a eu la sagesse de faire confiance à Dieu en marchant par la foi. Oui obéir à Dieu vous demandera parfois de marcher par la foi, mais faites-lui confiance car il vous conduira à bon port.

Restez à l'écoute

Peut-être vous vous dites que vous avez obéi à Dieu, et que vous avez fait ce qu'il vous a dit dans le passé. Mais sachez que la direction d'hier ne suffit pas, Jésus nous enseigne dans la prière de notre Père : *« Donne nous aujourd'hui notre pain quotidien »*. Ce qui signifie qu'il y'a un pain quotidien, une direction quotidienne à recevoir de l'Esprit. Il peut nous appeler à quitter un endroit ou une situation qui était initialement conforme à sa volonté, mais qui ne l'est plus aujourd'hui.

Dans 1 Rois 17 : 2-9, Dieu ordonne à Élie de se rendre au torrent de Kérith, où il serait nourri par des corbeaux. Mais lorsque le torrent s'assèche, Dieu lui donne une nouvelle instruction : partir à Sarepta pour être nourri par une veuve.

Si Élie avait ignoré cette directive et était resté au torrent de Kérith, il aurait connu la sécheresse et le manque. Cela montre qu'une obéissance constante aux instructions de Dieu est très importante. Plusieurs personnes sont restées là où Dieu leur avait dit d'être, il y'a plusieurs années ne sachant pas que l'Esprit avait changé de direction.

La rébellion contre la Parole de Dieu

La désobéissance ne se limite pas au simple fait d'ignorer les directives spécifiques de Dieu. Elle consiste également à se rebeller contre les commandements ou encore la Parole de Dieu révélés dans les Écritures.

Dieu dit par exemple :

- «Aime l'Éternel, ton Dieu, de tout ton cœur, de toute ton âme et de toute ta force.»
- «Tu ne voleras point».
- «Tu ne mentiras point.»
- «Tu ne commettras pas d'adultère.»

Lorsqu'une personne transgresse volontairement ces commandements, elle s'éloigne de la protection de Dieu. Vivre dans une désobéissance consciente, comme l'immoralité ou le mensonge, donne à l'ennemi une porte d'entrée dans votre vie. Cette porte ouverte peut entraîner des cycles d'échec, de frustration, et de confusion.

L'illusion de l'immunité : Quand la désobéissance Vous rattrape

Prenons le cas d'un homme qui travaillait dans le gouvernement d'un pays où la corruption et le vol étaient monnaie courante. Protégé par l'immunité que lui offrait son poste, il s'était habitué à voler, à falsifier des documents et à accumuler des biens mal acquis sans crainte des conséquences. Tout semblait bien fonctionner pour lui, et sa réussite matérielle pouvait même donner l'impression qu'il menait une vie enviable. Cependant, un jour, le gouvernement changea. Le nouveau régime lança de vastes enquêtes sur la gestion des fonds publics. L'homme, qui croyait être intouchable, fut rapidement rattrapé par ses actes. Tous ses biens furent saisis, il fut emprisonné, et on lui demanda de rembourser l'argent qu'il avait volé. Incapable de justifier la provenance de sa richesse, il perdit tout : sa liberté, sa réputation, et sa stabilité financière. Ce qui semblait être une réussite dans l'ancien système s'est transformée en un échec total. Il se retrouva dans une profonde frustration, submergé par la honte et la confusion, incapable de comprendre comment sa vie s'était effondrée aussi rapidement. Lorsque vous vous rebellez contre la Parole de Dieu, même si les conséquences ne sont pas immédiates, elles finiront par se manifester.

Vous moissonnez ce que vous semez

> *« Ne vous y trompez pas : on ne se moque pas de Dieu. Ce qu'un homme aura semé, il le moissonnera aussi. »* **Galates 6 : 7**

L'obéissance à la volonté de Dieu produit des bénédictions, tandis que la désobéissance entraîne des conséquences négatives. C'est la loi de la semence et de la moisson : ce que nous semons, nous le récoltons.

Dans Deutéronome 28, Dieu énumère un ensemble de bénédictions et de malédictions associées à l'obéissance ou à la désobéissance à Sa parole.

Il dit : Si vous obéissez à la voix de l'Éternel, votre Dieu, en observant et en mettant en pratique tous Ses commandements, voici les bénédictions qui viendront sur vous et vous accompagneront :

- *« Tu seras béni dans la ville et tu seras béni dans les champs. »*

- *« Le fruit de tes entrailles, le fruit de ton sol, le fruit de tes troupeaux, les portées de ton gros et de ton menu bétail seront bénis. »*

- *« Ta corbeille et ta huche seront bénies. »*

- *« Tu seras béni à ton arrivée et tu seras béni à ton départ. »* **Deutéronome 28 : 3-6**

- *« L'Éternel fera que tes ennemis qui s'élèveront contre toi soient battus devant toi. » v. 7.*

- *« L'Éternel ordonnera à la bénédiction d'être avec toi dans tes greniers et dans toutes tes entreprises. » v. 8.*

- *« L'Éternel fera de toi la tête et non la queue, tu seras toujours en haut et tu ne seras jamais en bas. » v. 13.*

Ces promesses montrent que l'obéissance à Dieu ouvre la porte à la prospérité, à la protection, et à la réussite dans tous les domaines.

Un peu plus loin, il poursuit en disant :

Cependant, si vous n'obéissez pas à la voix de l'Éternel, votre Dieu, en n'observant pas tous Ses commandements et Ses lois, voici les malédictions qui viendront sur vous et vous accompagneront :

- *« Tu seras maudit dans la ville et tu seras maudit dans les champs. »*

- *« Ta corbeille et ta huche seront maudites. »*

- *« Le fruit de tes entrailles, le fruit de ton sol, les portées de ton gros et de ton menu bétail seront maudits. »*

- *« Tu seras maudit à ton arrivée et tu seras maudit à ton départ. »* **Deutéronome 28 : 16-19.**

- *« L'Éternel enverra contre toi la malédiction, le trouble et la menace au milieu de toutes les entreprises que tu feras, jusqu'à ce que tu sois détruit. »* **v. 20.**

- *« L'Éternel fera attacher à toi la peste, la fièvre, l'inflammation, l'ardeur, la sécheresse, la rouille et la nielle. »* **v. 21-22.**

- *« L'Éternel fera tomber sur toi une pluie de poudre et de poussière ; elle descendra du ciel sur toi jusqu'à ce que tu sois détruit. »* **v. 24.**

Les malédictions touchent tous les aspects de la vie : la santé, les finances, les relations, et même les efforts personnels.

L'obéissance ou la désobéissance à Dieu entraîne toujours des conséquences. Lorsqu'on marche dans l'obéissance, on récolte les bénédictions que Dieu a promises. Mais lorsque l'on choisit de désobéir, on s'expose aux malédictions. Ainsi, certains échecs sont une conséquence d'une vie de désobéissance à Dieu.

C'est pourquoi, bien-aimés, je vous encourage à marcher dans l'obéissance. Faites le choix d'écouter et de suivre la voix du Saint-Esprit, car ce chemin porte des fruits de paix, de prospérité, de protection et de succès à tous égards.

2. LES ÉCHECS SURVIENNENT LORSQUE VOUS PRENEZ DES DÉCISIONS IMPORTANTES SANS CONSULTER DIEU NI CHERCHER SA DIRECTION.

Imaginez-vous au volant d'une voiture high-tech équipée du GPS le plus avancé au monde. Ce GPS ne se contente pas de connaître toutes les routes ; il anticipe aussi l'avenir, prédit les embouteillages, les accidents potentiels, et repère même les meilleures opportunités sur votre chemin. Pourtant, vous choisissez de ne jamais l'allumer, préférant vous fier à votre propre sens de l'orientation. Absurde, n'est-ce pas ? C'est pourtant exactement ce que nous faisons lorsque nous ne consultons pas Dieu avant de prendre des décisions.

Contrairement à la première cause, où nous entendons Dieu mais choisissons de l'ignorer, ici, nous ne prenons même pas la peine de L'écouter. Nous nous engageons dans des projets, faisons des choix importants, sans prendre un moment pour demander à Dieu s'ils sont en accord avec Sa volonté. Par exemple, vous planifiez un voyage sans même vous demander si c'est bien ce que Dieu veut pour vous, ou s'il pourrait avoir une meilleure direction à vous indiquer.

Laissez-moi vous partager une expérience personnelle qui m'a ouvert les yeux sur cette vérité.

En début d'année 2024, une opportunité d'investissement s'est présentée à moi. Elle semblait tellement prometteuse, si alléchante, que je me suis précipité tête baissée, sans même penser à consulter Dieu. Je n'ai pas prié, je n'ai pas cherché Sa volonté. Le résultat ? Une perte financière considérable qui m'a laissé dans une situation encore plus précaire qu'auparavant.

Cette expérience a été un véritable électrochoc. Ce que je croyais être une opportunité en or s'est avéré n'être qu'un mirage. Si seulement j'avais pris le temps de consulter Dieu, Il m'aurait peut-être guidé vers un investissement plus sûr, ou m'aurait conseillé d'attendre un meilleur moment.

Dieu connaît la fin d'une chose avant son commencement ; Il connaît l'avenir mieux que nous ne connaissons notre propre passé.

Là où nous ne voyons qu'un fragment du tableau, Il voit l'œuvre entière. C'est pourquoi il est important de Lui faire confiance et de Lui soumettre nos choix et nos décisions. Le sage nous dit :

> *« Confie-toi en l'Éternel de tout ton cœur, et ne t'appuie pas sur ta propre intelligence. Reconnais-le dans toutes tes voies, et il aplanira tes sentiers »* **Proverbes 3 : 5-6.**

Chaque fois que nous prenons une décision sans consulter Dieu, c'est comme jouer à la roulette russe avec notre avenir. Nous pourrions, par hasard, faire le bon choix, mais pourquoi prendre ce risque alors que nous avons accès à la sagesse infinie de Dieu ?

Peut-être vivez-vous dans un lieu qui ne favorise ni votre croissance ni votre épanouissement. Si vous consultez Dieu, Il pourrait vous révéler qu'Il vous attend ailleurs, dans un territoire où vous pourrez prospérer.

Combien de personnes se retrouvent dans des filières ou des carrières qui ne correspondent ni à leurs dons, ni à leur appel ? En cherchant la direction de Dieu, vous pourriez découvrir que vous êtes destiné à une autre voie, mieux adaptée à vos capacités et à votre mission, afin d'accomplir pleinement votre destinée et par extension tous les projets que Dieu a préparés pour vous.

Tout comme dans mon expérience personnelle, de nombreuses opportunités qui semblent parfaites à nos yeux peuvent s'avérer désastreuses. Consulter Dieu nous évite de tomber dans ces pièges.

Sans consulter Dieu, nous agissons souvent sur un coup de tête ou sur la base de nos émotions. Cela conduit inévitablement à des frustrations, des pertes, et des regrets.

David, un exemple à suivre

Dans la Bible, David est un excellent modèle de par rapport au fait de consulter Dieu avant d'agir. Avant d'aller au combat ou de prendre des décisions importantes, il demandait toujours à Dieu :

> *« Monterai-je contre eux ? Les livreras-tu entre mes mains ? »* ***2 Samuel 5 : 19***

Et Dieu lui répondait avec précision, tout en le guidant dans chacune de ses actions. N'oubliez pas, consulter Dieu ne vous fait pas perdre du temps, au contraire, cela vous en fait gagner. Vous évitez les détours, les impasses, et vous marchez sur le chemin que Dieu a tracé pour vous. C'est sur ce chemin que vous trouverez non seulement la réussite, mais aussi la paix et la satisfaction.

Que signifie consulter Dieu et comment le faire ?

Consulter Dieu, c'est s'approcher de Lui avec le désir sincère de recevoir Ses conseils, Son orientation et de connaître Sa volonté pour nos décisions, nos choix ou nos projets. Il s'agit de rechercher non pas notre propre sagesse, mais l'avis de Celui qui connaît la fin d'une chose dès son commencement.

Cela commence par la prière. Consulter Dieu, c'est s'adresser à Lui avec un cœur ouvert et honnête, en Lui présentant nos projets et en demandant des directives claires. Par exemple : « *Seigneur, je te recommande tel projet. J'ai à cœur de suivre tel chemin. Est-ce que cela est ta volonté ? Fais-le-moi connaître.* »

Si cette prière est faite avec sincérité, Dieu répondra. Comment ?

- **Par la prière elle-même** : Pendant que vous priez, Dieu peut répondre à travers une conviction intérieure, une vision claire, ou un ressenti particulier qui touche votre cœur. Comme le dit la Bible : « *Invoque-moi, et je te répondrai ; je t'annoncerai de grandes choses, des choses cachées, que tu ne connais pas* » ***Jérémie 33 : 3.***

- **Par la paix intérieure** : Une paix profonde peut être un signe d'approbation divine, tandis qu'un inconfort ou un trouble intérieur peut indiquer que la voie envisagée n'est pas conforme à Sa volonté. « *Et que la paix de Christ, à laquelle vous avez été appelés pour former un seul corps, règne dans vos cœurs.* » ***Colossiens 3 : 15***

- **Par la méditation de Sa Parole** : En lisant la Bible, un verset peut soudainement prendre un sens particulier pour vous, répondant directement à votre question. La Parole de Dieu est vivante et agissante, une lampe à nos pieds et une lumière sur notre sentier. ***Psaume 119 : 105***

- **Par des personnes spirituellement matures** : Dieu peut utiliser des personnes de confiance pour vous donner des conseils inspirés, des paroles de sagesse, voire des révélations. « *Les projets échouent faute de délibération, mais ils réussissent quand il y a de nombreux conseillers.* » ***Proverbes 15 : 22***

- **Par des rêves ou des songes** : Il peut aussi se révéler à travers des rêves porteurs de messages clairs. Joseph dans la Bible en est un exemple frappant. ***Matthieu 1 : 20***

- **Par les circonstances** : Parfois, les événements de la vie s'alignent d'une manière évidente pour confirmer ou infirmer une décision. Dieu ouvre des portes que personne ne peut fermer et ferme des portes que personne ne peut ouvrir. ***Apocalypse 3 : 7***

L'Importance du Discernement

Il est essentiel de développer le discernement pour distinguer la voix de Dieu de nos propres pensées ou émotions. Il arrive que notre enthousiasme ou nos désirs personnels soient confondus avec une direction divine. Par exemple, une personne très attachée à un projet particulier peut interpréter son propre élan comme un signe de Dieu, alors qu'il s'agit de son désir intérieur.

C'est pourquoi il faut demander au Saint-Esprit de confirmer la direction reçue. Cette confirmation peut venir par une paix intérieure durable, l'accord avec la Parole de Dieu, ou même des confirmations extérieures répétées. La Bible dit :

> *« Dieu parle tantôt d'une manière, tantôt d'une autre, et l'on n'y prend point garde »* ***Job 33 : 14.***

Soyez attentif, et recherchez toujours la confirmation de l'Esprit de Dieu.

Les Étapes pour Consulter Dieu

- Lui soumettre votre besoin et vos projets avec humilité et sincérité.
- Attendre patiemment Sa réponse, sans précipitation, en restant à l'écoute de Ses signaux.

C'est exactement ce que David a fait : il a demandé à Dieu s'il devait aller au combat et il a attendu la réponse divine avant d'agir. Cette attitude de dépendance totale vis-à-vis de Dieu est un modèle pour nous aujourd'hui.

Dieu Parle et Répond à Ses Enfants

Soyez conscient que Dieu parle encore aujourd'hui. Il écoute nos prières et répond à ceux qui Le cherchent avec un cœur sincère. Si Dieu a créé l'homme avec une bouche pour parler et des oreilles pour entendre, cela signifie que ce même Dieu a également des oreilles pour écouter nos prières et une bouche pour nous parler.

3. LES ÉCHECS SURVIENNENT LORSQUE VOUS MANQUEZ DE VISION ET NÉGLIGEZ LA PLANIFICATION.

> *« Quand il n'y a point de vision, le peuple est sans frein. »* **Proverbes 29 : 18**

Dans certaines versions de la Bible, ce verset est traduit ainsi :

> *« Quand il n'y a pas de révélation, le peuple est livré à lui-même »* (version du Semeur) ou *« Quand il n'y a pas de révélation, le peuple est sans retenue »* **(version Segond 21).**

Ces traductions soulignent une vérité à ne pas négliger: sans une vision claire, sans direction divine, une personne ou un peuple est livré au chaos, sans garde-fous, sans but. C'est comme conduire une voiture sans frein à grande vitesse vers un obstacle. Le résultat est inévitablement destructeur. Sans vision, vous êtes livré à vous-même, sans cadre, sans direction, ce qui mène inévitablement à l'échec.

Vivre sans une vision claire dans les différents domaines de votre vie, qu'il s'agisse de votre vie spirituelle, professionnelle, scolaire ou personnelle vous expose à l'échec. C'est comme monter dans un bus ou un train sans connaître sa destination.

Qui ferait cela ? Pourtant, beaucoup de gens vivent leur vie de cette manière, sans idée précise de leur destination ou de leurs objectifs. Ils sont engagés dans une relation sans en connaître le but, lancent un projet sans objectif défini, ou poursuivent des études sans comprendre pourquoi.

Je me souviens avoir rencontré une personne incapable d'expliquer la filière dans laquelle elle était engagée et faisait ses études. Souvent, ces choix sont faits sans raison valable, par suivisme ou par simple tendance. Vous vous inscrivez à une formation parce que tout le monde autour de vous le fait, mais est-ce vraiment votre appel ? Vous vous mariez parce que tout le monde autour de vous se marie mais est-ce vraiment votre saison, et quel en est le but ?

Lorsqu'une vision est claire, elle vous pousse naturellement à vous focaliser. Vous êtes focalisé parce que vous voulez atteindre un objectif. Quand c'est le cas, vous finirez toujours par accomplir ce sur quoi vous vous êtes focalisé. En revanche, si vous manquez de focalisation, vous vous dispersez, faites tout et n'importe quoi, et, finalement, n'accomplirez rien de concret. Cette dispersion conduit à la fatigue, à la lassitude, et finalement, à un sentiment d'échec.

4. LES ÉCHECS SURVIENNENT LORSQUE VOUS MANQUEZ D'ORGANISATION ET NÉGLIGEZ UNE PRÉPARATION ADÉQUATE POUR ATTEINDRE VOS OBJECTIFS.

Il ne suffit pas d'avoir une vision ou des objectifs clairs pour réussir ; encore faut-il être organisé et se préparer avec soin.

Beaucoup de personnes aspirent à de grandes choses, mais échouent parce qu'elles ne mettent pas en place les actions nécessaires pour y parvenir.

Prenons l'exemple de deux amis ayant grandi ensemble. L'un rêve de diriger une grande entreprise internationale, tandis que l'autre ambitionne simplement d'occuper un poste stable au sein d'une société locale. Ces deux aspirations sont valables, mais elles nécessitent des approches très différentes. Celui qui vise un poste de direction doit multiplier ses efforts : poursuivre des formations complémentaires, développer des compétences spécifiques et investir dans son apprentissage de manière continue. Ces efforts demandent des sacrifices, comme des heures d'étude supplémentaires, des week-ends dédiés à des séminaires, et même des choix financiers stratégiques.

En revanche, l'ami qui cherche un poste stable aura des exigences moins élevées. Il n'aura pas besoin de fournir autant d'efforts qu'un futur dirigeant, mais devra néanmoins s'appliquer dans ses recherches et être diligent dans son travail. Ces deux parcours illustrent une vérité simple : pour atteindre un objectif ambitieux, il faut être prêt à travailler à la hauteur de ses aspirations. Beaucoup, cependant, négligent cette réalité. Ils espèrent des résultats extraordinaires avec des efforts médiocres ou mal organisés. Mais la vérité est que tout effort insuffisant ou mal planifié finit par produire des résultats décevants.

La préparation, bien plus qu'un simple prérequis, conditionne directement la qualité de vos résultats. Si vous vous lancez dans une entreprise, dans des études ou dans un projet sans organisation ni planification adéquates, les chances d'échec augmentent considérablement.

Pourquoi l'organisation et la préparation sont-elles si importantes ?

Parce qu'elles vous permettent de rester concentré, d'anticiper les obstacles et de vous adapter aux imprévus. Une bonne organisation ne garantit pas seulement que vous atteindrez votre objectif ; elle vous permet aussi d'y arriver de manière plus efficace et sereine.

Il est essentiel de se poser les bonnes questions :

- Ai-je défini un plan clair pour mes objectifs ?

- Ai-je identifié les ressources et les compétences nécessaires pour réussir ?

- Suis-je prêt à consacrer le temps, l'énergie et les sacrifices que mes ambitions exigent ?

Le manque d'organisation et de préparation n'est pas un simple défaut ; c'est une cause fréquente d'échec. Si vous vous retrouvez dans ce schéma, il est encore temps d'ajuster votre approche et de construire des bases solides pour vos projets.

5. LES ÉCHECS SURVIENNENT LORSQUE VOUS DÉVELOPPEZ UNE MENTALITÉ D'ÉCHEC, ALIMENTÉE PAR DES EXCUSES, LA PARESSE OU DES SCHÉMAS DE PENSÉES NÉGATIVES.

Sans même s'en rendre compte, beaucoup de personnes adoptent des mentalités, des schémas de pensée et des habitudes qui les empêchent de progresser. Ces attitudes influencent directement leurs choix, et, inévitablement, les résultats qu'elles obtiennent. Ces mentalités, bien que souvent inconscientes, s'installent doucement, nourries par la peur, la procrastination ou le manque de vision.

Le manque de persévérance et la tendance à procrastiner

> *« Celui qui agit d'une main lâche s'appauvrit, mais la main des diligents enrichit. Celui qui amasse pendant l'été est un fils prudent, celui qui dort pendant la moisson est un fils qui fait honte. »* - ***Proverbes 10 : 4-5***

Certaines personnes ont des objectifs bien définis et une vision claire, mais elles sont confrontées à un sérieux problème : le manque de persévérance. Elles commencent des projets avec enthousiasme, mais au fil du temps, elles abandonnent, remettent les tâches à plus tard, ou les archivent. Le désir de réaliser ces projets persiste, mais elles se disent « je le ferai demain ». Et lorsque demain arrive, elles repoussent encore, jusqu'à ce que rien ne soit accompli.

Bien-aimé, connaître ce que Dieu attend de vous et avoir une vision claire ne suffisent pas. Il faut également persévérer, c'est-à-dire continuer d'avancer malgré les difficultés, les échecs, les retards et les frustrations et ne pas se relâcher, même face aux obstacles. La Bible dit :

> *« Celui qui se relâche dans son travail est frère de celui qui détruit »* - ***Proverbes 18 : 9.***

Dans la version Segond 21, il est dit :

> *« Celui qui est négligent dans son travail est frère de celui qui cause des ravages. »*

Ce passage révèle combien le manque de persévérance peut être destructeur.

Bien-aimé, la vie n'est pas un sprint, mais un marathon. Nous devons demander au Saint-Esprit de nous rendre constants dans le temps. Prenons exemple sur Noé, qui est resté fidèle à sa mission pendant des décennies pour construire l'Arche. Malgré les moqueries et les défis, il n'a jamais abandonné. Sa persévérance a permis d'apporter le salut à sa famille et à l'humanité. C'est cette même persévérance que nous devons cultiver, car elle ouvre la voie à des bénédictions et des victoires durables.

LA PEUR DE L'ÉCHEC

> *« Ce que je crains, c'est ce qui m'arrive ; ce que je redoute, c'est ce qui m'atteint. »* **Job 3 : 25**

La peur est une émotion, ressentie face à un danger réel ou perçu. C'est une réaction instinctive qui peut nous alerter et nous protéger dans certaines situations. Cependant, lorsqu'elle n'est pas bien gérée, elle peut devenir un frein à notre épanouissement.

La peur de l'échec, quant à elle, est cette émotion intense que l'on ressent à l'idée de ne pas atteindre un objectif ou de subir une défaite. Elle ne signifie pas nécessairement que vous allez échouer, mais elle s'installe avant même d'avoir tenté quelque chose. Par exemple, avant de passer un examen ou de démarrer un projet, vous pouvez être envahi par des pensées négatives où vous anticipez l'échec au lieu de vous concentrer sur la réussite. Cette crainte excessive peut devenir paralysante, en vous empêchant d'agir et de donner le meilleur de vous-même.

Bien-aimé(e), la peur de l'échec est l'un des plus grands obstacles à la réussite. Elle paralyse, emprisonne et empêche beaucoup de personnes à vivre pleinement les plans de Dieu pour leur vie. Pour beaucoup, cette peur découle d'échecs passés, d'expériences douloureuses qui ont laissé en eux des traces profondes. En conséquence, ils se replient sur eux-mêmes et redoutent de revivre les mêmes échecs.

Ce qui vous arrive est très souvent le fruit de vos pensées

Vous attirerez à vous des événements et des circonstances qui reflètent vos pensées dominantes. Ce principe porte différents noms, et il est souvent désigné sous l'appellation de «pensée créatrice», bien que d'autres lui attribuent des appellations diverses. Peu importe le nom qu'on lui donne, ce principe affirme que nos pensées, qu'elles soient positives ou négatives, exercent une influence directe sur nos expériences de vie.

Cette loi naturelle a été étudiée et partiellement confirmée par des recherches en neurosciences, notamment sur la neuroplasticité. Ces recherches démontrent que nos schémas de pensée répétés façonnent non seulement notre cerveau, mais également nos comportements, nos choix, et par conséquent les résultats que nous obtenons au quotidien. Ainsi, les personnes qui ont souvent peur de se faire agresser se retrouvent fréquemment dans des situations similaires. De même, celles qui craignent de perdre de l'argent vivent souvent des pertes financières. En revanche, lorsqu'une personne est animée par le désir de réussir, même si elle échoue au départ, la force de sa pensée orientée vers le succès finit souvent par la mener à la réussite. La pensée crée l'acte : ce que vous pensez profondément finit par se manifester.

Ce principe ressemble à la foi, à la seule différence que la foi s'appuie sur la Parole de Dieu et est définie comme « *la ferme assurance de ce que l'on espère et la démonstration de ce que l'on ne voit pas* » ***Hébreux 11 : 1***

La foi consiste à croire que quelque chose va se produire, et cette conviction finit par se réaliser. La peur, quant à elle, est l'opposé de la foi.

Si vous êtes obsédé(e) par la peur de l'échec, cette peur finira par se manifester dans votre vie. En vous concentrant sur des pensées négatives, vous risquez d'attirer des circonstances qui correspondent à cette crainte.

C'est exactement ce que Job a vécu. Bien que béni par Dieu, Job luttait avec des pensées d'échec, de perte et de tragédie, et ces pensées ont fini par se concrétiser dans sa vie.

Voici ce qu'il dit dans ***Job 3 : 25*** : « *Ce que je crains, c'est ce qui m'arrive ; ce que je redoute, c'est ce qui m'atteint.* »

Avez-vous remarqué que ce que Job craignait et redoutait est exactement ce qui lui est arrivé ?

Cette parole de Job n'est pas juste un simple constat, elle

confirme ce principe de la pensée créatrice. Cela est encore appuyé dans **Proverbes 23 : 7** : *« Car il pense en son âme, il est tel. »*

Votre vie est le reflet de vos pensées : ce qui contrôle vos pensées, contrôlera votre vie.

Vivre par la peur ou vivre par la foi ?

La peur ne vient pas de Dieu, c'est le contraire de la foi. La Bible dit : *« Mon juste vivra par la foi »* **Hébreux 10 : 38.**

Lorsque vous ne vivez pas par la foi, vous vivez par la peur. Cette peur est souvent motivée par une absence de foi en la capacité de Dieu à vous conduire, à vous diriger sur le bon chemin. Elle survient quand vous oubliez qu'Il a dit dans Sa Parole *:*

> *« Je t'instruirai, je te montrerai la voie que tu dois suivre, je te conseillerai, j'aurai le regard sur toi »* **Psaume 32 : 8.**

Ainsi, vous comprenez que cette peur découle d'une ignorance des promesses de Dieu dans votre vie, promesses révélées dans Sa Parole. Lorsque vous avez peur, vous montrez que vous ne prenez pas suffisamment de temps pour demeurer dans la Parole de Dieu, en la méditant jour et nuit, afin de la laisser prendre racine en vous. Vos regards ne se portent plus sur la Parole de Dieu, mais sur vous-même. Vous devenez alors de plus en plus conscient(e) de vos manquements, de vos incapacités et de vos limitations, et vous finissez par dire : *« Comment vais-je y arriver ? »* C'est précisément à ce moment-là que la peur s'invite.

Mais, mon frère/ma sœur, cette posture est très dangereuse, car elle vous place parmi ceux qui ne se confient pas en Dieu.

La Bible enseigne que l'homme qui se confie en l'homme est maudit et ne voit pas venir le bonheur. Lorsque Dieu parle de « l'homme », Il inclut aussi bien votre prochain que vous-même. Si vous détournez vos regards de Dieu pour les poser sur vous-même, sur les autres, ou sur des systèmes humains comme les banques ou les organisations, vous vous exposez à une malédiction, selon Sa Parole.

> *« Maudit soit l'homme qui se confie dans l'homme, Qui prend la chair pour son appui, Et qui détourne son cœur de l'Éternel ! Il est comme un misérable dans le désert, Et il ne voit point arriver le bonheur...* » ***Jérémie 17 : 5-6***

Cependant, bien-aimé(e), Dieu vous appelle à lever les yeux vers Lui. Il est la source de votre force et le garant de votre victoire. Lorsque vous placez votre confiance en Lui, Il vous libère de vos craintes et remplit votre cœur de paix.

> *« Quand on tourne vers lui les regards, on est rayonnant de joie, Et le visage ne se couvre pas de honte. »* ***Psaume 34 : 5***

Lorsque vous tournez vos regards vers Dieu, vous cessez de regarder à vous-même et, ainsi, vous ne vous limitez plus à ce qui vous restreint. Vous commencez à penser comme Dieu. Étant donné que Dieu est illimité, vous croyez également que vous êtes sans limites en Lui, avec la certitude que tout est possible à celui qui croit.

« Tout est possible à celui qui croit. » **Marc 9 : 23**

« Je puis tout par celui qui me fortifie. » **Philippiens 4 : 13**

Lorsque vous laissez la peur guider vos actions, vous limitez l'œuvre de Dieu en vous et à travers vous. Rappelons-nous que Dieu agit dans un cœur qui croit. Jésus a dit :

> *« Ne vous ai-je pas dit que, si vous croyez, vous verrez la gloire de Dieu ? »* **Jean 11 : 40**

Au lieu de céder à la peur, faites confiance à Dieu. Croyez que vous pouvez tout accomplir par celui qui vous fortifie. Même si la situation semble être une montagne insurmontable, restez confiant(e), car Dieu est au contrôle.

> *« Je puis tout par celui qui me fortifie. »* **Philippiens 4 : 13**

Les personnes qui accomplissent de grandes choses avec Dieu sont celles qui vivent par la foi. Même après être tombées sept fois, elles se relèvent et se disent que la huitième fois sera la bonne. Ceux qui réussissent ne se laissent pas submerger par la peur, mais dominent leurs craintes et avancent avec foi. En revanche, ceux qui échouent sont souvent ceux qui vivent dans la peur. La foi permet d'accomplir des choses, tandis que la peur vous disqualifie des réalisations que vous souhaitez atteindre.

Il est temps de faire un choix : ne vous laissez plus submerger par la peur, mais dominez-la au nom de Jésus.

Autres manifestations de la mentalité d'échec

- ❖ **Les excuses :** Les excuses consistent à toujours trouver une justification pour ne pas agir ou ne pas prendre ses responsabilités. Une personne avec cette mentalité attribue systématiquement ses échecs aux autres, aux circonstances, ou à des facteurs externes. Ces personnes sont des adeptes du : « J'ai échoué parce que… » car elles veulent toujours vouloir expliquer les échecs qu'ils ont vécu et très souvent en pointant du doigt les circonstances, les systèmes comme étant à l'origine de ce défaut sans reconnaitre leur part de responsabilité.

- ❖ **La paresse** : La paresse est une autre composante importante de la mentalité d'échec. Elle se manifeste par le manque de volonté d'agir ou de fournir l'effort nécessaire pour accomplir une tâche : *« Celui qui agit d'une main lâche s'appauvrit, mais la main des diligents enrichit. »* **Proverbes 10 : 4**

- ❖ **Le perfectionnisme maladif :** Le perfectionnisme peut sembler positif en surface, mais, parfois empêche les gens de vouloir s'engager. De commencer un projet ou autre. Le perfectionniste conduit plusieurs personnes à attendre que tout soit parfait pour se lancer. Ceux qui attendent des conditions idéales avant d'agir finissent par ne jamais agir. L'Ecclésiaste nous rappelle :

  « Celui qui observe le vent ne sèmera point, et celui qui regarde les nuages ne moissonnera point » **Ecclésiaste 11 : 4.**

❖ **L'indécision** : L'indécision est une autre mentalité d'échec, une forme de peur de l'engagement. Une personne qui hésite trop finit par manquer les opportunités. La Bible dit :

> *« Un homme irrésolu est inconstant dans toutes ses voies »* ***Jacques 1 : 8.***

❖ **Le pessimisme** : Le pessimisme, ou voir le négatif dans chaque situation, empêche de saisir les opportunités et de progresser.

> *« Celui qui est d'un cœur joyeux a une fête continuelle. »* ***Proverbes 15 : 15***

❖ **La victimisation** : Se considérer toujours comme une victime empêche de prendre des responsabilités. Cela vous enferme dans un état de passivité.

> *« Mais dans toutes ces choses nous sommes plus que vainqueurs par celui qui nous a aimés. »* ***Romains 8 : 37***

❖ **Le conformisme** : Refuser de sortir de sa zone de confort ou de se démarquer par crainte d'être critiqué, jugé pousse plusieurs personnes à ne pas accomplir des projets qui sommeillent en eux.

❖ **L'impatience** : Vouloir des résultats immédiats sans attendre le bon moment. Dieu travaille selon son propre calendrier :

« Il a fait toute chose belle en son temps »
Ecclésiaste 3 : 11.

❖ **Le fatalisme** : Croire que tout est écrit et que vos efforts ne changeront rien. *« L'Éternel affermit les pas de l'homme, quand il prend plaisir à sa voie. »* ***Psaume 37 : 23***

❖ **La comparaison et l'esprit de compétition** : Se comparer constamment aux autres engendre la frustration et détourne de vos objectifs personnels.

« Ne porte pas envie à l'homme violent et ne choisis aucune de ses voies. » ***Proverbes 3 : 31.***

❖ **La négligence** : Ignorer les détails importants ou négliger des opportunités peut causer des échecs évitables. *« Celui qui est fidèle dans les petites choses l'est aussi dans les grandes. »* ***Luc 16 : 10***

❖ **La dépendance excessive aux autres** : Attendre toujours l'aide des autres sans prendre d'initiative personnelle est un frein à la réussite. Pourtant, Dieu nous a équipés pour agir :

« Je puis tout par celui qui me fortifie »
Philippiens 4 : 13.

6. LES ÉCHECS SURVIENNENT LORSQUE VOUS NE PRENEZ PAS LE TEMPS DE VOUS CONNAITRE, ET QUE VOUS IGNOREZ VOS FORCES, VOS DONS ET VOTRE APPEL.

« Je te loue d'avoir fait de moi une créature si merveilleuse : tes œuvres sont des merveilles, et je le reconnais bien. » **- Psaumes 139 : 14**

La méconnaissance de soi est une autre cause sous-estimée d'échec. Elle se réfère à l'ignorance de sa propre personnalité, de ses aptitudes, de ses capacités naturelles, de ses dons, de ses talents, et des grâces que Dieu vous a accordées, qui vous distinguent des autres. Savez-vous que vous êtes unique ? Sur les plus de 8 milliards de personnes sur la planète, chacun est différent. Votre ADN, vos empreintes digitales, tout vous distingue des autres. De la même manière, vos talents, vos aptitudes, et vos dons sont spécifiques à vous seul. Et votre méconnaissance de ces dons peut être l'origine des échecs que vous avez connus dans le passé ou que vous vivez aujourd'hui.

Connaître ces dons et talents vous permet de comprendre les domaines dans lesquels vous excellez naturellement. Dans son livre *Forme : Connaître et découvrir l'unique objectif de votre vie*, Éric Rees nous présente l'acrostiche «FORME», qui est un outil pour vous guider dans la découverte de votre spécificité :

F pour Force spirituelle

O pour Orientation du cœur

R pour Ressources

M pour Manière d'être

E pour Expérience

Cette approche permet de comprendre non seulement vos dons spirituels, mais aussi vos talents naturels, votre personnalité, votre battement de cœur, ainsi que vos expériences. Si vous êtes né de nouveau, le Saint-Esprit a déposé en vous des grâces et des dons spirituels qui sont essentiels pour votre vie. Certains peuvent avoir le don de prophétie, d'autres la parole de connaissance, ou encore la sagesse. Tous ces dons nous sont donnés par le même esprit.

> « En effet, à l'un est donnée par l'Esprit une parole de sagesse ; à un autre, une parole de connaissance, selon le même Esprit ; à un autre, la foi, par le même Esprit ; à un autre, le don des guérisons, par le même Esprit ; à un autre, le don d'opérer des miracles ; à un autre, la prophétie ; à un autre, le discernement des esprits ; à un autre, la diversité des langues ; à un autre, l'interprétation des langues. Un seul et même Esprit opère toutes ces choses, les distribuant à chacun en particulier comme il veut. » ***1 Corinthiens 12 : 8-11***

Ce qui trompe beaucoup de gens, c'est qu'ils croient que les dons spirituels ne doivent servir qu'à l'église, et au-delà de l'église, ils ne les utilisent pas. À l'exemple de Daniel et Joseph, vos dons peuvent être utilisés, selon la direction de l'Esprit, hors de l'église pour la gloire de Dieu.

Plusieurs personnes échouent également parce qu'elles ne

connaissent pas leur personnalité.

Comprendre sa personnalité

En parallèle de vos dons spirituels et aptitudes naturelles, il est tout aussi important de comprendre votre personnalité. Une étude menée par des psychologues enseigne qu'il existe essentiellement deux grandes catégories de personnalités : les introvertis et les extravertis. Chaque catégorie comporte des sous-catégories qui reflètent des orientations différentes.

Les introvertis :

Orientés tâches (les « bleus » ou les « Conformistes ») : Ces personnes sont méthodiques, précises, et très orientées vers l'analyse et la rigueur. Elles préfèrent souvent travailler seules ou dans un environnement structuré, où les détails et la qualité du travail sont primordiaux. Elles réfléchissent longuement avant de prendre des décisions et sont souvent critiques.

Orientés relations (les « verts » ou les « Stables ») : Ces personnes sont tournées vers l'harmonie et la stabilité dans leurs relations. Elles sont patientes, à l'écoute et tolérantes, privilégiant des relations profondes et stables. Leur approche douce et posée favorise les relations durables et harmonieuses, et elles préfèrent éviter les conflits. Ce sont des profils typiques comme Mère Teresa.

Les extravertis :

Orientés tâches (les « rouges » ou les « Dominants ») : Ces personnes sont dynamiques, efficaces, et fortement orientées vers les résultats. Elles aiment prendre des décisions rapides et sont souvent perçues comme assertives, voire autoritaires. Leur approche directe est motivée par les défis et l'accomplissement personnel.

Orientés relations (les « jaunes » ou les Influents) : Ce sont des personnes sociables, enthousiastes, et motivées par les interactions positives avec les autres. Elles sont loquaces, charismatiques, et aiment inspirer et influencer. Elles privilégient les environnements où les relations humaines sont au centre. Ce sont des personnes qui ont tendance à connaître tout le monde et à être amis avec tous.

L'Importance de la Connaissance de Soi

Comprendre votre personnalité, vos dons et talents, vous aide à choisir les activités et les projets qui correspondent le mieux à votre personne. Par exemple, si vous êtes une personne introvertie et orientée tâches, vous pourriez vous épanouir dans un métier où l'analyse et la précision sont mises en avant, plutôt que dans un domaine qui exige des interactions sociales constantes, comme le marketing ou les relations publiques, ou encore un métier qui nécessite souvent de convaincre et de communiquer avec aisance.

La méconnaissance de sa personnalité est l'une des raisons qui entraînent plusieurs personnes à échouer, alors qu'elles ont des aptitudes avérées dans d'autres domaines.

7. LES ÉCHECS SURVIENNENT LORSQUE VOUS LAISSEZ L'ESPRIT D'ÉCHEC INFLUENCER VOS ACTIONS, LIMITANT VOTRE POTENTIEL ET VOS OPPORTUNITÉS.

> *« Toute arme forgée contre toi sera sans effet, et toute langue qui s'élèvera en justice contre toi, tu la condamneras. Tel est l'héritage des serviteurs de l'Éternel, tel est le salut qui leur viendra de moi, dit l'Éternel. » —* ***Ésaïe 54 : 17***

L'esprit d'échec se distingue de la peur de l'échec. Il s'agit d'une force spirituelle, d'une influence maléfique qui, indépendamment de votre volonté, attire l'échec, le malheur, la ruine et le désastre dans votre vie. Souvent, les personnes qui en sont victimes ne parviennent pas à expliquer les causes ou les origines de ces échecs, car cela échappe à la logique naturelle et relèvent du domaine spirituel. C'est pourquoi il est essentiel d'aborder ces problèmes sur le plan spirituel, notamment par la prière.

MANIFESTATIONS DE L'ESPRIT D'ÉCHEC

Peut-être avez-vous déjà observé des élèves ou étudiants très brillants, qui travaillent dur et comprennent parfaitement leurs leçons, mais qui, au moment de la délibération des résultats des examens, ne réussissent pas. Ou bien avez-vous connu des personnes qui passent des entretiens qui semblent bien se dérouler, mais finissent par recevoir une réponse négative sans explication valable. Peut-être avez-vous rencontré des personnes qui travaillent avec excellence dans une entreprise, mais qui peinent à être promues à des postes plus élevés, malgré leurs compétences reconnues par leurs collègues et supérieurs.

Vous avez peut-être également connu des sœurs naturellement belles, avec un bon caractère et une attitude irréprochable, mais qui rencontrent d'énormes difficultés à se marier. Elles commencent des relations qui n'aboutissent pas et se terminent brusquement après 3, 6, 9 mois ou une année sans raison apparente. Ni elles, ni leurs partenaires ne peuvent expliquer la cause réelle de ces séparations.

Ces événements ne sont pas toujours naturels. Il est fort probable que l'esprit d'échec soit à l'origine de ces situations.

LES PUISSANCES DES TÉNÈBRES PEUVENT ETRE A L'ORIGINE D'UN BLOCAGE OU D'UN ECHEC

Je me souviens avoir prié une fois pour une sœur qui souhaitait se marier et qui m'avait demandé de prier pour elle. Pendant cette prière, j'ai eu une vision spirituelle d'un masque qui semblait la vieillir, la rendant différente de ce qu'elle était réellement. Après la prière, je crois que ce masque a été détruit au nom de Jésus. Par la grâce de Dieu, elle s'est mariée plus tard. Certaines personnes rencontrent des obstacles non pas en raison de problèmes naturels, mais à cause de forces spirituelles qui agissent contre elles.

MON EXPÉRIENCE PERSONNELLE

J'ai personnellement vécu une expérience similaire. À une époque de ma vie, je priais énormément pour mon mariage. Un jour, lors d'une de ces prières, je demandais au Seigneur de me faire grâce en me permettant de rencontrer la bonne personne et de briser toute puissance des ténèbres qui pouvait s'opposer à ce mariage. Après cette prière, j'ai ressenti une sorte de représailles intenses. Dans mon esprit, je disais : *« Mais pourquoi est-ce que vous m'attaquez ? »*

Et j'ai entendu une voix dire : *« C'est à cause de ton mariage, n'est-ce pas ? »*

En vérité, ces démons ne voulaient pas que je me marie, mais ils avaient menti, car ce n'était pas le plan de Dieu pour ma vie. Depuis ce jour, je me suis mis à prier avec encore plus d'insistance contre les puissances des ténèbres qui avaient pour mission de m'empêcher de me marier. Je ne dis pas que toutes les personnes qui ont du mal à se marier font face aux puissances des ténèbres, mais certains blocages ou échecs sont causés par des esprits démoniaques.

Une autre expérience personnelle : le blocage professionnel

À la fin de mes études de Master 2, alors que je préparais mon diplôme, j'avais anticipé ma recherche d'emploi bien avant son obtention. Plus de neuf mois avant la fin de mes études, j'ai commencé à postuler pour des postes en CDI. J'ai passé plusieurs entretiens, mais aucun n'a abouti.

Régulièrement, je me présentais à de nouveaux entretiens, obtenant des retours prometteurs, que ce soit lors des discussions avec les ressources humaines ou des évaluations techniques. Cependant, malgré ces bonnes impressions, quelque chose bloquait systématiquement au dernier moment, et je ne recevais jamais d'offre concrète. Cette situation frustrante a perduré pendant plusieurs mois.

Je me souviens particulièrement d'une candidature dans une société. Quelques jours après avoir postulé, j'ai contacté l'entreprise pour faire le suivi, et c'est là qu'on m'a informé que le poste avait été annulé. Peu de temps après, j'ai fait un rêve marquant et troublant. Dans ce rêve, je me voyais sur le point de signer un contrat important. À côté de moi se trouvait un gros chien. Juste avant que je puisse signer, le chien a été relâché et s'est mis à me poursuivre. Pris de panique, j'ai lâché le contrat et me suis enfui.

À mon réveil, j'ai immédiatement compris que ce rêve portait un message spirituel. J'ai réalisé que des forces obscures tentaient de bloquer ma progression professionnelle. Ce jour-là, à 3 heures du matin, j'ai pris une décision ferme : prier avec ferveur. Pendant trois heures, de 3h à 6h, j'ai prié intensément, prenant autorité sur ces forces spirituelles qui s'opposaient à ma réussite.

Après cette prière soutenue, je me suis endormi. À 10 heures du matin, mon téléphone a sonné. C'était une dame des ressources humaines de la société qui m'avait informé de l'annulation du poste. À ma grande surprise, elle me demandait si j'étais toujours à la recherche d'une opportunité. Elle m'a alors proposé de venir signer un contrat. Ce qui est frappant, c'est que cet appel est arrivé exactement le même jour où j'avais prié pour briser les chaînes spirituelles qui bloquaient ma carrière.

Cette expérience m'a profondément marqué. Elle m'a appris

que certains blocages dans notre vie ne sont pas uniquement naturels, mais peuvent avoir une origine spirituelle. Elle m'a également rappelé l'importance de la prière fervente et de la foi pour surmonter les obstacles.

L'importance de comprendre la cause ou l'origine des échecs

Comprendre la cause de l'échec vous permettra d'utiliser la bonne arme pour vous relever et triompher. Tous les échecs n'ont pas la même cause ; certains peuvent cacher une seule cause, tandis que d'autres en dissimulent plusieurs à la fois. Pour triompher d'un échec, il est essentiel de prendre le temps de réfléchir et de discerner ce qui est à l'origine de l'échec que vous vivez actuellement ou de celui que vous avez vécu dans le passé. Les échecs causés par des facteurs naturels comme une mauvaise organisation, une méconnaissance de soi, ou une mauvaise préparation sont plus simples à identifier. Parfois, il vous faudra une révélation du Saint-Esprit et un grand discernement pour comprendre si cet échec est dû à une désobéissance à la volonté de Dieu ou à un esprit d'échec.

CHAPITRE 2

DÉCONSTRUIRE LES VOIX MENSONGÈRES LIÉES A L'ÉCHEC

«Nous renversons les raisonnements et toute hauteur qui s'élève contre la connaissance de Dieu, et nous amenons toute pensée captive à l'obéissance de Christ.»

2 Corinthiens 10 : 4-5

Il n'y a rien de plus dérangeant et de plus alarmant que d'entendre des voix à l'intérieur de soi. Des voix que personne d'autre n'entend, mais qui résonnent avec force en vous, et qui vous disent des choses ignobles à votre sujet. C'est malheureusement la réalité de plusieurs personnes, surtout après avoir connu ou vécu des échecs dans leur vie.

Et plus encore lorsque ces échecs se répètent deux fois, trois fois… ou davantage. C'est ce qu'on appelle une forteresse, une prison intérieure ou encore des voix intérieures mensongères. Ces voix vous imposent des pensées de dépréciation, de découragement, de rejet…

Et si vous ne savez pas comment y faire face, elles finiront par vous détruire et vous anéantir. Ces voix donnent parfois l'impression que c'est vous-même qui pensez comme ça. Vous vous dites : « C'est ma pensée » Mais la vérité, c'est que ce n'est pas vous.

Ce sont des pensées imposées par l'ennemi, qui a profité d'événements traumatisants comme l'échec pour s'infiltrer en vous. Dans ce chapitre, nous n'allons pas traiter de comment renverser ces forteresses, mais nous ferons simplement une présentation et un exposé de quelques voix intérieures que vous pouvez entendre après avoir vécu ou expérimenté un échec.

12 VOIX MENSONGÈRES A DÉCONSTRUIRE SUR L'ÉCHEC

Voix mensongère n°1 — Tu es nul / Tu es incapable / Tu ne vas pas y arriver/ Tu n'es pas assez intelligent(e) / Tu n'as pas ce qu'il faut/ Ce n'est pas fait pour toi/Tu n'as rien à offrir / Tu ne vaux rien

Ces voix résonnent généralement après avoir connu un échec. Ce sont des voix qui attaquent directement votre identité. Leur but, c'est de vous convaincre que vous ne valez rien et que vous n'arriverez jamais à accomplir quoi que ce soit de bon dans votre vie, dans votre parcours, dans votre destinée.

Elles vous font croire que vous n'avez aucun don, aucun talent, aucune valeur à apporter dans votre environnement, dans votre famille, dans la société ou même dans votre église. Ce sont des voix de limitation et de restriction. Elles vous poussent à regarder le verre à moitié vide, à minimiser vos capacités, à douter de tout ce que Dieu a déjà déposé en vous. Mais ce n'est pas ce que Dieu dit de vous. Vous êtes porteur de grâces uniques, de talents spécifiques, de ressources spirituelles que le monde autour de vous attend. Et vous pouvez tout par Celui qui vous fortifie.

> *«Je puis tout par celui qui me fortifie.»*
> ***Philippiens 4 : 13***

Voix mensongère n°2 — Ta vie est un échec / Tout ce que tu fais échoue

Ce sont des voix qui cherchent à vous identifier à l'échec. Elles généralisent quelques défaites pour en faire une vérité absolue sur vous, votre vie, votre destinée. Parce que vous avez échoué dans certains domaines, elles veulent vous faire croire que votre vie entière est un échec, sans valeur.

Mais c'est un mensonge destructeur. Vous devez les rejeter avec force, car elles vous poussent à vous dévaloriser, à rejeter ce que Dieu dit de vous.

La vérité est que vous êtes plus que vainqueur en Jésus-Christ, et qu'aucun échec ne peut changer ce que Dieu a déjà écrit sur vous.

> *«Mais dans toutes ces choses nous sommes plus que vainqueurs par celui qui nous a aimés.»* **Romains 8 : 37**

Voix mensongère n°3 — Personne ne voudra de toi / Tu n'es pas aimable / Tu es trop brisé(e) pour être choisi(e)

Ce sont des voix de rejet. Elles cherchent à vous faire croire que votre passé vous a disqualifié, que vous êtes trop brisé pour être aimé, trop marqué pour être choisi, trop imparfait pour être valorisé. Elles insinuent que personne ne pourra jamais vous accepter à cause de ce que vous avez vécu ou expérimenté.

Mais ces voix sont menteuses. Seulement, elles oublient que Dieu choisit les faibles, relève les brisés, honore ceux que le monde rejette.

> *«Il guérit ceux qui ont le cœur brisé, et Il panse leurs blessures.»* **Psaume 147 : 3**

Voix mensongère n°4 — Tu es condamné(e) à échouer / Tu ne t'en sortiras jamais / Tu ne changeras jamais/Tu vas encore échouer / Ça va finir comme la dernière fois / Tu sais bien que ça va mal finir/Laisse tomber, tu perds ton temps

Ce sont des voix fatalistes, des voix de résignation.
Elles vous enferment dans un cycle d'échecs, comme si rien ne pouvait changer, comme si l'échec était devenu votre destin.

Ces voix se basent sur votre passé pour prédire votre futur.
Elles vous font croire que ce que vous avez vécu hier va inévitablement se reproduire, que l'histoire va toujours se répéter, et que vous êtes prisonnier d'un éternel recommencement.

Mais ce n'est pas la vérité. Dieu est le Maître des temps et des circonstances. Et c'est Lui qui fait concourir toutes choses pour votre bien. Au temps marqué, votre situation changera.

«Il fait toute chose bonne en son temps.»
Ecclésiaste 3 : 11a

Voix mensongère n°5 — Tu ferais mieux de laisser tomber / Ce n'est pas pour toi /Quel que soit les efforts que tu feras, ça ne va pas marcher/Tu perds ton temps/Tu vas échouer/ Il ne faut même pas essayer / C'est perdu d'avance

Ce sont des voix d'abandon et de non-accomplissement. Elles ne vous empêchent pas toujours de commencer, mais elles vous empêchent souvent d'aller jusqu'au bout. Ce sont des avorteuses de rêves, qui agissent de manière subtile en vous faisant croire que ce rêve, ce travail, ce service… n'est pas pour vous. Elles veulent que vous arrêtiez avant l'heure, que vous ne persévériez pas, que vous abandonniez ce que Dieu a pourtant placé en vous. Mais Dieu, Lui, termine ce qu'Il commence. Et ce qu'Il a commencé en vous, Il le rendra parfait.

> *«Ayant cette confiance, que celui qui a commencé en vous cette bonne œuvre la rendra parfaite...»*
> ***Philippiens 1 : 6***

Voix mensongère n°6 — Tu es un(e) moins que rien / Tu es invisible / Tu es bon(ne) à rien/Tu es juste là pour accompagner les autres / Les autres brillent, pas toi

Ce sont des voix qui cherchent à déformer votre estime de vous-même. Elles veulent vous faire croire que vous n'avez aucune place, aucune valeur, aucune importance Que vous êtes inutile dans un groupe, dans une équipe, dans une famille.

Ce sont aussi des voix de comparaison et des voleuses de joie. Elles vous poussent à regarder le succès des autres, à vous comparer à leurs accomplissements, à croire que vous êtes condamné à rester en arrière pendant que les autres avancent. Elles détournent vos yeux de Dieu pour les fixer sur les autres. Et pourtant, chaque personne évolue selon son rythme, sa saison, son appel, son chemin.

«Tu as du prix à mes yeux, tu es honoré, et je t'aime.»
Ésaïe 43 : 4

Voix mensongère n°7 — Qui as-tu vu réussir dans ton entourage ? / Tu vas échouer comme ton père, ta mère, tes frères, tes sœurs

Ce sont des voix qui s'appuient sur l'échec des autres pour prédire le vôtre. Elles veulent vous faire croire que vous allez forcément vivre les mêmes réalités que vos proches, que vous êtes condamné à reproduire l'histoire familiale.

Puisque vous n'avez vu personne réussir autour de vous, elles vous poussent à penser que vous non plus, vous n'y arriverez pas. Mais Dieu est capable de commencer un nouveau chemin avec vous. Il peut inaugurer un itinéraire de réussite et de restauration par votre vie. Ce que personne n'a expérimenté avant vous dans votre famille, Dieu peut le manifester à travers vous.

«Voici, je fais une chose nouvelle...»
Ésaïe 43 : 19

Voix mensongère n°8 — Ce que tu vis est une punition de Dieu / C'est Dieu qui te corrige

Ce sont des voix qui déforment l'image de Dieu. Elles le présentent comme un père fouettard, sévère, méchant, qui passe son temps à punir.

Oui, il est vrai que certains échecs peuvent venir d'une désobéissance. Mais si vous avez demandé pardon à Dieu, Il est fidèle et juste pour vous pardonner, vous relever, vous restaurer et vous transformer. Ne laissez pas la culpabilité s'installer au fond de vous. Dieu ne punit pas ses enfants pour les briser, Il corrige pour les relever.

«Il ne nous traite pas selon nos péchés, Il ne nous punit pas selon nos iniquités.» **Psaume 103 : 10**

Voix mensongère n°9 — Ton passé te condamne / Ce que tu as fait te poursuit encore/ Tout cela est de ta faute/Tu mérite ce que tu vis/Tu as tout gâché pour de bon / Tu ne pourras jamais te reconstruire

Ce sont des voix qui vous gardent prisonnier de votre histoire et de vos erreurs. Elles vous disent que vous ne serez jamais libre, que votre passé est trop lourd, trop sale, trop marqué pour espérer un nouveau départ.

Elles veulent vous faire croire que c'est trop tard, que vous avez dépassé le point de non-retour, qu'il n'y a plus rien à reconstruire, que vous avez trop échoué pour rebondir.

Mais c'est faux. Dieu donne toujours une nouvelle opportunité. Et pour ceux qui sont en Christ, la condamnation n'a plus d'emprise.

> *«Il n'y a donc maintenant aucune condamnation pour ceux qui sont en Christ Jésus.»* **Romains 8 :1**

> *«Il guérit ceux qui ont le cœur brisé, et Il panse leurs blessures.»* **Psaume 147 : 3**

Voix mensongère n°10 — Tu n'es pas fait pour réussir / Tu es né(e) pour souffrir

Ce sont des voix de condamnation, souvent accompagnées de pensées sombres et destructrices. Elles vous poussent à croire que la souffrance est votre destinée, que votre vie n'est faite que de douleurs, que vous êtes condamné à subir sans jamais vous épanouir.

Mais c'est un pur mensonge. Dieu a des projets de paix et de bonheur pour vous. Il ne vous a pas créé pour la souffrance, mais pour révéler Sa gloire à travers votre vie.

« Car je connais les projets que j'ai formés sur vous, dit l'Éternel, projets de paix et non de malheur, afin de vous donner un avenir et de l'espérance. » **Jérémie 29 : 11**

Voix mensongère n°11 — Si tu étais vraiment appelé(e), tu n'aurais pas échoué / Dieu ne peut pas se servir de toi

Ce sont des voix qui remettent en cause la validité de l'appel de Dieu sur votre vie. Elles vous font savoir que votre échec est la preuve que Dieu n'est pas avec vous, qu'Il ne vous utilise pas, qu'Il a choisi quelqu'un d'autre à votre place.

Mais l'appel de Dieu n'est pas annulé par une chute. Pierre a renié Jésus, et pourtant il a été restauré. Moïse a fui, et pourtant il a été envoyé. Dieu appelle des gens imparfaits et les rend capables d'accomplir Sa volonté.

« Car les dons et l'appel de Dieu sont irrévocables»
Romains 11 : 29

Voix mensongère n°12 — Si tu échoues, qu'est-ce que les autres diront de toi ?

Ce sont des voix qui vous emprisonnent dans le regard des autres.

Elles font de l'opinion des gens un juge permanent de votre vie, au point de vous empêcher de prendre des risques, d'essayer, de vous exposer, de progresser.

Mais la vérité est simple : les gens auront toujours quelque chose à dire. Le plus important, ce n'est pas ce qu'ils pensent, c'est ce que Dieu dit de vous, et ce que vous croyez de vous-même. Votre vie n'a pas à être dictée par les critiques. Elle doit être dirigée par la voix de Dieu.

L'IMPACT PSYCHOLOGIQUE ET SPIRITUEL DES VOIX MENSONGÈRES

Lorsque vous laissez ces voix mensongères s'installer en vous sans les confronter, elles finissent par produire des conséquences profondes. Leur impact se manifeste à plusieurs niveaux : psychologique, spirituel, relationnel et émotionnel.

L'Impact sur l'Estime de Soi

Les voix mensongères, ces forteresses, dévalorisent votre estime de soi et vous empêchent de vous voir réellement comme Dieu vous voit. Elles vous poussent à perdre confiance en vos capacités, à vous définir sur la base de votre échec, à ne pas reconnaître vos capacités, vos aptitudes et vos succès. Chaque matin, quand vous vous regardez dans le miroir, ces voix vous empêchent de voir la personne extraordinaire que Dieu a créée. Au lieu de cela, elles vous font voir uniquement vos échecs, vos manquements, vos faiblesses.

> *« Je te loue de ce que je suis une créature si merveilleuse. Tes œuvres sont admirables, et mon âme le reconnaît bien. »* **Psaume 139 : 14**

L'Impact sur votre Foi

Ces voix s'attaquent directement à votre relation avec Dieu. Elles remettent en question Son amour pour vous, Sa fidélité. A ce stade, la prière peut devenir difficile car vous vous sentez indigne de vous présenter devant Lui, ou bien même dès fois, vous êtes tellement en colère contre Dieu. Vous avez du mal à rendre grâce à Dieu au moment où la parole de Dieu nous recommande de rendre grâce en toute chose, car c'est à notre égard a volonté de Dieu en Jésus-Christ (verset)

> *« Rendez grâces en toutes choses, car c'est à votre égard la volonté de Dieu en Jésus-Christ. »* **1 Thessaloniciens 5 : 18**

Vous commencez à douter des promesses de Dieu pour votre vie, à questionner votre appel, et même à remettre en question l'importance de la prière et de la méditation de la Parole de Dieu.

L'Impact sur les Relations

Ces voix mensongères empoisonnent vos relations. Elles vous murmurent que personne ne peut vraiment vous comprendre, que personne ne voudrait s'associer à quelqu'un qui a échoué. Petit à petit, vous commencez à vous isoler, à refuser les invitations, à éviter les rencontres. Même dans l'église, vous vous tenez en retrait, craignant que les autres ne voient vos échecs. Vous construisez des murs invisibles mais solides autour de vous, refusant l'aide et le soutien que Dieu veut vous apporter à travers les autres.

> *« Deux valent mieux qu'un, car ils retirent un bon salaire de leur travail. Car, s'ils tombent, l'un relève son compagnon. » Ecclésiaste 4 : 9-10*

L'Impact sur votre Comportement

Les voix mensongères que vous laissez entrer en vous n'agissent jamais sans conséquences. Elles influencent négativement votre comportement, votre caractère, et même votre personnalité. Sous leur effet, vous pouvez devenir excessivement prudent, presque paralysé à l'idée de prendre des risques. Vous commencez à éviter systématiquement toute situation qui pourrait, selon vous, conduire à un échec. Cette peur agit vraiment comme un frein qui vous empêche d'essayer, d'avancer, et d'aller là où vous êtes destiné à aller.

J'aime beaucoup une parole que Steve Jobs a dite en parlant de la perception de l'échec en Europe. Il disait : *« En Europe, l'échec est très grave. Si en sortant de l'université, vous loupez votre cours, cela vous suit toute votre vie Alors qu'en Amérique, à Silicon Valley, on passe son temps à échouer. Quand on se casse la figure, on se relève et on recommence.»* Ces paroles doivent vraiment faire réfléchir. Elles montrent combien la perception de l'échec peut conditionner nos comportements.

C'est précisément l'une des conséquences comportementales majeures que l'échec crée dans la vie de plusieurs personnes. Lorsque vous ne savez pas gérer vos échecs et que vous laissez les voix mensongères vous influencer, Vous développez une aversion pour l'échec au point où vous n'osez plus rien tenter, par peur de revivre les mêmes douleurs. Vous commencez à procrastiner, repoussant les décisions importantes, et passez à côté des opportunités qui se présentent à vous. Parfois même, inconsciemment, vous sabotez les occasions de réussites. C'est malheureusement une attitude que plusieurs manifestes après avoir connu de échecs.

L'Impact sur votre Santé Émotionnelle

Ces voix mensongères en influençant votre comportement influencent négativement votre santé émotionnelle. En apparence, vous semblez aller bien, mais au fond de vous, dans vos moments de solitude, vous savez que ça ne va pas. Vous ressentez une perte de joie, une tristesse constante, vous pouvez même en arriver à être en colère envers vous-même et à être profondément découragé.

Ces voix créent en vous un sentiment de honte qui vous influence quotidiennement. Vous vous sentez accusé par votre propre conscience et finissez par perdre le goût de vivre. Un cœur joyeux comme le dit le sage est un bon remède.

> *« Un cœur joyeux est un bon remède, mais un esprit abattu dessèche les os. »* **Proverbes 17 : 22**

Si vous êtes dans cette situation, je prie que la joie du Seigneur soit votre force et que cette joie ne vous quitte plus au nom de Jésus.

L'Impact sur votre Vision du Futur

Lorsque vous laissez ces voix mensongères prendre le dessus sur vous, vous leur donnez le pouvoir de déformer votre vision, d'orienter votre trajectoire et d'influencer votre destinée. Vous, qui êtes une créature si merveilleuse de Dieu, son chef-d'œuvre, commencez à vous voir comme quelqu'un de sans valeur. David disait :

> *« Je te loue de ce que je suis une créature si merveilleuse. Tes œuvres sont admirables, et mon âme le reconnaît bien »* **Psaume 139 : 14.**

Mais lorsque ces voix prennent racine en vous, elles altèrent le portrait que vous avez de vous-même. Vous cessez de vous voir à travers le regard aimant de Dieu et commencez à vous voir à travers les lunettes déformantes de ces mensonges. Cela vous amène à douter de votre valeur, de votre appel, et de la capacité de Dieu à accomplir de grandes choses dans votre vie.

Si votre vision de vous-même est déformée, votre avenir s'assombrit et vous devenez comme une personne sans direction ni espoir. C'est une tragédie qu'il faut corriger de toute urgence avec l'aide du Saint-Esprit, car Dieu a des projets de paix et de bonheur pour vous.

> *« Car je connais les projets que j'ai formés sur vous, dit l'Éternel, projets de paix et non de malheur, afin de vous donner un avenir et de l'espérance. »*
> **Jérémie 29 : 11**

Je prie que, pendant que vous avancez dans la lecture de ce livre, toutes les conséquences et les impacts psychologiques et spirituels de ces voix mensongères soient complètement brisés dans le nom puissant de Jésus-Christ. Que votre vision se restaure selon la vérité de la Parole de Dieu, et que vous puissiez marcher pleinement dans les plans que Dieu a formés pour vous.

NE CROYEZ JAMAIS A CES VOIX, ELLES MENTENT.

Si vous avez déjà entendu l'une de ces voix, ou si vous vous reconnaissez dans plusieurs d'entre elles, je vous exhorte à ne pas les croire et à vous en débarrasser, au nom de Jésus.

Ne leur laissez pas la moindre place dans votre cœur ou dans vos pensées. Ces voix sont des mensonges. Elles ne disent pas la vérité et ne viennet pas de Dieu. Elles ne reflètent pas qui vous êtes réellement.

Ce que Dieu dit de vous est plus vrai que ce que ces voix hurlent en vous. Vous êtes une créature merveilleuse, vous êtes aimé par Dieu, Vous êtes appelé, Vous êtes choisi...

Vous êtes capable, par la puissance du Saint-Esprit, de vous relever, de réussir, de guérir et d'accomplir votre destinée.

Si ces voix vous parlent, vous oppressent ou vous limitent, je vous encourage vivement à vous procurer le livre Sortir des prisons intérieures de l'apôtre Yvan Castanou. Ce livre est une pépite pour démanteler les forteresses, et vous aider à retrouver votre liberté au nom de Jésus. Mais avant tout, voici un conseil simple : décidez, aujourd'hui, de ne plus jamais croire à ces voix. Refusez ces pensées.

Identifiez-les comme des mensonges, et choisissez de croire à ce que Dieu dit de vous, et non à ce que ces voix disent. Car vous êtes ce que Dieu dit que vous êtes, pas ce que l'échec ou la peur veut vous faire croire.

CHAPITRE 3

S'ENRACINER DANS LA VÉRITÉ : PRENDRE CONSCIENCE DE SON IDENTITÉ EN CHRIST

« Tel il est, tel nous sommes aussi dans ce monde. »
1 Jean 4 : 17

VOUS N'ÊTES PAS UN ÉCHEC, VOUS ÊTES CE QUE DIEU DIT QUE VOUS ÊTES

Avez-vous déjà laissé ces paroles résonner en vous-même : « Je suis un échec », « Je ne parviendrai à rien dans ma vie », « Je ne suis pas suffisamment bon(ne) », « Je fais toujours des erreurs », « Je suis voué(e) à l'échec », « Tout le monde semble mieux que moi », « Je ne mérite pas le bonheur », « Je suis un(e) échec total », « La malchance me poursuit », « Rien ne se passe jamais comme prévu », « Je suis inutile », « Je ne suis pas digne » ?

Si votre réponse est oui à l'une de ces affirmations, c'est le signe que vous avez été profondément marqué par une épreuve que vous avez traversée. Cette épreuve a altéré votre vision du monde, vous a fait remettre en question votre valeur personnelle et vous a amené à vous définir en fonction de cet événement. Il peut s'agir d'un traumatisme datant de l'enfance, de situations d'abus, d'une rupture amoureuse ou d'un divorce, de la perte d'un emploi ou de difficultés financières majeures, du deuil d'un être cher, de l'échec d'un projet professionnel ou entrepreneurial, d'une maladie grave ou d'un accident, de conflits familiaux ou interpersonnels, d'échecs répétés à l'école, de l'incapacité à atteindre des objectifs personnels ou professionnels, du sentiment d'isolement social ou de rejet, entre autres.

Certes, vous avez traversé une épreuve extrêmement difficile qui a laissé des marques profondes en vous. Cependant, il est essentiel de réaliser que cet événement ne vous définit pas. Ce qui vous définit vraiment, c'est ce que Dieu dit de vous. Ainsi, vous n'êtes pas un échec, vous êtes ce que Dieu dit que vous êtes.

COMMENT DIEU VOUS VOIT ? : 4 RÉVÉLATIONS PUISSANTES CONCERNANT VOTRE IDENTITÉ EN CHRIST

1. Dieu vous voit comme une nouvelle créature

> *« Si quelqu'un est en Christ, il est une nouvelle créature. Les choses anciennes sont passées ; voici, toutes choses sont devenues nouvelles. »*
> ***2 Corinthiens 5 : 17***

Le mot «**nouvelle créature**» est traduit en grec par "**kainē ktisis**". Cela signifie être complètement transformé, renouvelé dans votre être intérieur. C'est naître de nouveau, avec une nouvelle nature et une nouvelle destinée en Christ. Vous n'êtes plus défini par votre passé, vos péchés, vos faiblesses, et vos échecs du passé, mais vous êtes maintenant défini par votre nouvelle identité en Christ.

En tant que nouvelle créature, vous êtes affranchi de la puissance du péché et de la mort, revêtu de la vie éternelle et de la puissance de la résurrection. Vous êtes une œuvre nouvelle de Dieu, créée en Christ Jésus pour accomplir de bonnes œuvres que Dieu a préparées d'avance pour vous.

> *« Car nous sommes son ouvrage, ayant été créés en Jésus-Christ pour de bonnes œuvres, que Dieu a préparées d'avance, afin que nous les pratiquions »*
> ***Ephésiens 2 : 10.***

En tant que nouvelle créature, vous avez une nouvelle identité, une nouvelle nature et une nouvelle destinée en Christ. Vous êtes appelé à vivre dans la plénitude de cette nouvelle réalité, tout en marchant dans la lumière de la vérité et de la grâce de Dieu.

2. Dieu vous voit comme son Enfant

> *« Mais à tous ceux qui l'ont reçue, à ceux qui croient en son nom, elle a donné le pouvoir de devenir enfants de Dieu. »* **Jean 1 : 12**

Le mot «**enfant**» est traduit en Grec par «**tek-non**». Devenir «enfant de Dieu» signifie entrer dans une relation filiale avec Dieu, être adopté dans sa famille spirituelle en tant que fils ou fille. Cela implique une proximité, une intimité et une affection particulière avec Dieu, en tant que Père aimant. Ainsi vous êtes de la Postérité de Dieu, de la Descendance de Dieu, de la Progéniture de Dieu, de la même nature que Dieu. Comme l'a dit le psalmiste :

> *« Vous êtes des dieux, vous êtes tous des fils du Très-Haut. »* **Psaumes 82 : 6**

Si vous êtes né de nouveau, vous avez en vous l'esprit de Dieu.

> *« Or nous, nous n'avons pas reçu l'esprit du monde, mais l'Esprit qui vient de Dieu, afin que nous connaissions les choses que Dieu nous a données par sa grâce. »* **1 Corinthiens 2 : 12**

Si vous n'êtes pas encore né de nouveau, je vous encourage à vous rendre à la page 205 afin de faire une prière de repentance, encore appelée la prière du salut.

En effet, c'est la prière par laquelle vous invitez Jésus-Christ dans votre vie comme Seigneur et Sauveur.

Cette prière est importante, parce que tout ce que nous avons partagé jusqu'ici, et tout ce qui va suivre, concerne plus ceux qui ont choisi de marcher avec Jésus-Christ dans et de lui confier vie.

Toutes ces personnes reçoivent un esprit nouveau, et c'est ce nouvel esprit qui est qualifié pour vivre sa nouvelle identité en Christ.

Vous avez besoin de naître de nouveau afin d'expérimenter pleinement ce que Dieu a préparé pour vous, votre héritage en Jésus-Christ.

Mais si vous êtes déjà né de nouveau et avez reçu Jésus-Christ comme Seigneur et Sauveur, vous pouvez poursuivre la lecture de ce livre.

L'esprit que vous avez reçu de Dieu est un esprit de sagesse, d'intelligence, de conseil, de force, de connaissance, de crainte de l'Éternel.

> « *L'Esprit de l'Éternel reposera sur lui : Esprit de sagesse et d'intelligence, Esprit de conseil et de force, Esprit de connaissance et de crainte de l'Éternel.* » ***Ésaïe 11 : 2***

Esprit de sagesse : Le Saint-Esprit est associé à la sagesse divine, qui est la capacité de discernement et de compréhension profonde des choses de Dieu et de la vie.

Esprit d'intelligence : Cela souligne la capacité du Saint-Esprit à apporter une intelligence dans tous les domaines et une clarté de pensée pour comprendre les desseins et les voies de Dieu.

Esprit de conseil : Le Saint-Esprit guide et conseille ceux qui sont en communion avec lui, il leur donne des conseils divins pour prendre des décisions et naviguer dans la vie selon sa volonté.

Esprit de force : Capacité du Saint-Esprit à conférer une force intérieure et une puissance spirituelle à ceux qui le reçoivent, cette force nous aide à surmonter les obstacles et à persévérer en toutes circonstances.

Esprit de connaissance : Le Saint-Esprit apporte une connaissance divine, révèle des vérités spirituelles, les mystères de Dieu et dans tout autre domaine ceux qui le recherchent avec un cœur ouvert.

Esprit de crainte de l'Éternel : Le Saint-Esprit nous rend capable de craindre Dieu et nous emmène à vivre selon les voies de Dieu.

Étant devenu enfant de Dieu et ayant reçu son Esprit en vous, vous avez sa sagesse, son intelligence, sa connaissance. C'est de cette manière que Dieu vous voit.

3. Dieu vous voit comme un roi

> *« Et qui a fait de nous des __rois__ et des sacrificateurs pour Dieu son Père, à lui soit gloire et puissance aux siècles des siècles. Amen ! »* ***Apocalypse 1 : 6 (Version MARTIN)***

Le mot grec pour «**roi**» dans ce verset est basileis, qui se traduit littéralement par «rois». Dans ce contexte, être appelé «roi» dans le royaume de Dieu signifie être élevé à un statut spécial et avoir une autorité spirituelle accordée par Dieu lui-même. C'est une position de leadership et de gouvernance dans le domaine spirituel.

Lorsque vous êtes en Christ, vous êtes élevé à un rang royal, revêtu d'une autorité spirituelle. En tant que roi, vous êtes appelé à régner avec Christ dans les domaines de votre vie et à exercer une influence positive sur votre environnement. Vous êtes destiné à gouverner et à dominer, non pas par la force, mais par la grâce et la sagesse de Dieu qui habitent en vous. Vous avez pour mandat de dominer et non de subir, comme le ferait un esclave. En tant que roi, vous êtes appelé à régner sur les événements, les circonstances et les réalités de la vie. Tout comme un roi porte la responsabilité de son royaume, vous avez la responsabilité de veiller sur votre cœur, votre esprit et vos actions, afin qu'ils reflètent la royauté de Dieu dans votre vie. En tant que roi dans le royaume de Dieu, vous êtes appelé à exercer un leadership d'influence à prendre des décisions inspirées par la sagesse de Dieu et à diriger votre vie selon les principes Ses principes.

4. Dieu vous voit comme un plus que vainqueur en Christ

> « *Mais dans toutes ces choses nous sommes **plus que vainqueurs** par celui qui nous a aimés.* »
> ***Romains 8 : 37***

Le terme grec traduit par «**plus que vainqueurs**» dans ce verset est «**hypernikōmen**», qui combine le préfixe «hyper» qui signifie «au-delà» ou «plus que» et le verbe «nikao» qui veut dire «vaincre» ou «remporter la victoire». Ainsi, être «plus que vainqueur» signifie remporter une victoire décisive, écrasante et totale, une victoire qui dépasse largement toute adversité ou obstacle.

Lorsque vous êtes en Christ, vous êtes appelé à vivre dans cette réalité de victoire absolue. Vous êtes non seulement appelé à vaincre, mais à être au-delà de la victoire dans toutes les circonstances de la vie. Cela signifie que vous avez la capacité de triompher de toute adversité, de tout défi ou de toute épreuve et de tout échec par la grâce de Dieu. Cela implique aussi que votre victoire est assurée et incontestable. Vous n'êtes pas simplement appelé à survivre, mais à prospérer et à triompher dans toutes les situations.

En Christ, vous êtes pleinement équipé pour surmonter les défis, les échecs, les voix intérieure que vous entendez et pour vivre une vie de victoire constante.

DE LA BERGERIE A LA ROYAUTE & DU PUITS A POTIPHAR

Plusieurs personnages bibliques ont connu des échecs dans leur parcours. Seulement, ils ont su agir de la bonne manière, et cette réaction a déterminé la suite de leur parcours et de leur destinée. Parmi eux, deux figures m'ont particulièrement marqué : David et Joseph.

David : de la bergerie à la royauté

L'histoire de David est un exemple parfait d'une vie qui peut commencer dans l'échec, mais finir dans la gloire. Sa vie a été marquée par des circonstances intrigantes, qui pouvaient facilement le disqualifier aux yeux du monde. Né d'une relation adultère, David fut méprisé par son père biologique et rejeté par ses frères.

Sa jeunesse fut tout sauf ordinaire. Malgré l'existence de sept frères aînés, David se retrouva dès son plus jeune âge à prendre soin des brebis de son père. Son quotidien consistait à affronter des lions et des ours pour protéger le troupeau qui lui avait été confié.

Un tournant significatif de sa vie survient lorsque Dieu envoya son prophète Samuel pour oindre le prochain roi d'Israël, remplaçant ainsi Saül, rejeté par Dieu. L'instruction de Dieu était claire : le futur roi émergerait de la maison d'Isaï.

Lorsque Samuel se rendit chez Isaï et annonça la nouvelle, Isaï présenta tous ses fils, à l'exception de David.

Même après avoir fait passer Eliab, Abinadab, Schammah, et les quatre autres frères, Dieu ne choisit aucun d'entre eux. Interloqué, Samuel demanda à Isaï s'il n'y avait pas d'autres fils, et Isaï mentionna presque négligemment que le plus jeune, David, s'occupait des brebis.

Lorsque David fut présenté à Samuel, Dieu lui dit expressément : «Lève-toi, oins-le car c'est Lui...»

Cette histoire, extraite du livre de *1 Samuel 16 : 6-12*, nous parle de la vie de David "homme selon le cœur de Dieu" dont rien ne présageait la réussite.

Né d'une relation d'adultère, David portait sur son front, selon le jugement humain, l'étiquette préconçue de l'échec dès le début de sa vie. Chaque regard posé sur lui semblait déchiffrer cette stigmatisation, comme si son origine était une sentence inscrite sur sa personne. Même son père et ses frères, membres de sa propre famille, ne lui accordaient aucune estime. Dans leur vision limitée, David était catalogué comme un échec dès sa naissance.

Cependant, au-delà des étiquettes et des préjugés humains, David avait une réalité alternative écrite par le doigt de Dieu. Dans le regard de Dieu, sur le front de David, était inscrite une autre vérité : «L'homme selon mon cœur, qui accomplira toutes mes volontés.» Cette inscription céleste transcendait les jugements terrestres et dévoilait la destinée exceptionnelle qui attendait David.

Son histoire souligne la dissonance entre la perception humaine et la vision divine. Alors que les hommes voyaient un échec, Dieu voyait un élu. L'estime que Dieu avait pour David allait bien au-delà des limites imposées par les standards humains. Cette dissonance est une une leçon puissante qui nous rappelle que notre valeur et notre destinée ne sont pas déterminées par les étiquettes que le monde nous impose, mais par la vérité profonde que Dieu inscrit sur nos vies.

Joseph : Du Puits au Palais

Joseph aussi a vécu une vie dont le parcours est marqué par des épreuves qui pourraient facilement le discréditer aux yeux du monde. Issu d'une famille complexe et nombreuse, Joseph était le fils préféré de son père Jacob, ce qui suscitait la jalousie de ses frères.

Son voyage tumultueux commence alors qu'il est jeté dans un puits par ses frères, puis vendu comme esclave à des marchands de passage. Cette descente aux enfers le mène finalement en Égypte, où il est vendu au service d'un officier de haut rang, Potiphar. Mais même dans cette situation difficile, Joseph ne perd pas sa foi en Dieu et gagne rapidement la confiance de son maître.

Cependant, la tragédie le frappe à nouveau lorsque la femme de Potiphar l'accuse faussement d'avoir tenté de la séduire, ce qui conduit Joseph en prison. Mais même derrière les barreaux, Joseph trouve grâce aux yeux du geôlier et est placé en charge des autres prisonniers.

Le tournant décisif survient lorsque Joseph interprète les rêves du maître échanson et du maître-boulanger, prédisant la libération de l'un et la mort de l'autre. Bien que le maître échanson promette d'intercéder en sa faveur auprès de Pharaon, Joseph est oublié pendant deux longues années.

Finalement, l'occasion se présente lorsque Pharaon lui-même fait appel à Joseph pour interpréter un rêve troublant. Grâce à la sagesse que Dieu lui accorde, Joseph déchiffre le rêve et prévoit une famine imminente en Égypte. Impressionné par sa sagesse, Pharaon élève Joseph au rang de premier ministre, lui confiant la gestion de l'approvisionnement en nourriture pendant la famine.

Cette histoire, tirée du livre de la Genèse du chapitre 37 au chapitre 50, nous révèle la vie de Joseph, dont le destin semblait être façonné par la trahison, l'injustice et les revers. Malgré les circonstances apparemment désespérées, Joseph était fermement convaincu que Dieu avait un plan pour sa vie, un plan qui dépassait de loin les machinations de ses frères jaloux.

Bien que ses frères aient tenté de le détruire, Dieu avait un dessein plus élevé pour Joseph. Son parcours, du puits à la prison, puis à la primature, témoigne de la souveraineté de Dieu sur les événements de sa vie. Sa destinée n'était pas déterminée par les actions de ses frères, mais par le dessein divin qui tenait fermement les rênes de son avenir.

Votre destinée ne dépend pas des circonstances extérieures ni des actions malveillantes des autres, mais de la souveraineté et de la providence de Dieu, lorsque vous acceptez de lui obéir et de collaborer avec lui. Alors que le monde pouvait voir un esclave et un prisonnier, Dieu voyait un leader et un sauveur. Même dans nos moments les plus sombres, Dieu est toujours à l'œuvre, tissant un plan merveilleux pour votre vie.

Marchez dans la conscience de votre nouvelle identité et non de votre histoire

Maintenant que vous avez pris conscience que vous êtes une

nouvelle création en Christ, que les choses anciennes sont passées et que toutes choses sont devenues nouvelles ; que vous êtes enfant de Dieu, ayant la même nature que Dieu ; que vous êtes un roi et que vous êtes destiné à dominer et non à subir ; que vous êtes plus que vainqueur en toutes choses, marchez dans la pleine conscience de qui vous êtes, avec l'aide du Saint-Esprit.

Cela demande de faire taire les voix qui vous rappellent votre passé, les voix qui vous définissent en fonction de vos expériences passées.

> *« Que ces voix deviennent muettes, que les lèvres menteuses qui parlent avec audace contre le juste, avec arrogance et dédain, soient réduites au silence ! »* **Psaumes 31 : 18**

Faites taire ces voix par la puissance du sang de Jésus, qui vous a rachetés et vous a donné une nouvelle identité en lui.

Ce point sera développé dans le Volume 2 de ce livre s'il plait à Dieu.

PARTIE 2

APPRENDRE PAR L'ÉCHEC

CHAPITRE 4

9 VÉRITÉS ESSENTIELLES RÉVÉLÉES PAR L'ÉCHEC

«Nous savons que tout concourt au bien de ceux qui aiment Dieu, de ceux qui sont appelés selon son dessein.»
Romains 8:28

Les échecs n'arrivent jamais de manière anodine. Peu importe leur cause, leur origine ou leur source, lorsque nous prenons le temps de les analyser, nous nous rendons compte qu'au-delà de la douleur infligée, il existe un trésor caché, une richesse enfouie, une leçon qui, soit a été comprise, soit attend encore d'être comprise. Derrière chaque échec, il y a une expérience qui nous permet de grandir, de mûrir, et de nous rapprocher de la personne que Dieu veut que nous devenions.

Dans ce chapitre, je vais vous présenter 9 vérités essentielles que l'échec nous révèle, ou encore, 9 leçons que les échecs nous enseignent.

VÉRITÉ 1 : LES ÉCHECS ENSEIGNENT L'HUMILITÉ ET LA CONFIANCE EN DIEU

> « *Avant la ruine, le cœur de l'homme s'élève ; Mais l'humilité précède la gloire.* »
> **Proverbe 18 : 12**

Quand vous êtes une personne qui a toujours été habituée au succès, par exemple, vous avez toujours réussi à l'école, obtenu de bonnes notes sans grande difficulté, trouvé du travail facilement, gravi les échelons dans votre carrière sans rencontrer de gros obstacles, et que vous n'avez jamais connu de manque d'argent ou de situations qui mettent à l'épreuve vos ressources, sans vous en rendre compte, vous pouvez en arriver à développer subtilement une forme d'orgueil. Vous pouvez attribuer vos succès à votre supposée intelligence, sagesse, compétences ou talents, en oubliant que tout ce que vous êtes, tout ce que vous avez accompli, n'est que le fruit de la grâce de Dieu.

Dans cette posture, il est facile de regarder de haut ceux qui traversent des échecs. Vous pouvez commencer à penser ou même dire que s'ils échouent, c'est parce qu'ils n'ont pas assez de foi, qu'ils ne sont pas intelligents, qu'ils manquent de compétences ou qu'ils ne travaillent pas assez dur. Vous établissez une fausse corrélation entre votre succès et vos capacités personnelles. Sauf que vous pensez ainsi parce que vous n'avez jamais réellement connu d'échec dans votre parcours. Lorsque vous êtes ce type de personne, il peut arriver que Dieu permette un échec dans votre vie. Pas pour vous détruire, mais pour vous enseigner l'humilité et la simplicité. Un échec peut briser les illusions de contrôle que vous entreteniez, pour vous ramener à une dépendance totale envers Dieu.

Dans le livre de Deutéronome, chapitre 8, Moïse met en garde le peuple d'Israël alors qu'ils se préparent à entrer dans la terre promise. Il les avertit contre l'orgueil et l'oubli de Dieu qui pourraient survenir dans les moments de prospérité, lorsque leurs besoins seront comblés et qu'ils jouiront de la bénédiction du bon pays promis par Dieu. Moïse leur rappelle l'importance de reconnaître la source de leurs bénédictions. Il insiste sur le fait que malgré la prospérité et l'abondance, ils ne doivent pas s'attribuer leur succès à leur propre force ou capacité, mais plutôt reconnaître que c'est Dieu qui leur a donné tout ce qu'ils possèdent.

Moïse exhorte les Israélites à se souvenir des moments où Dieu les a soutenus, guidés et protégés à travers les épreuves et les défis qu'ils ont rencontrés dans le désert :

« Lorsque tu mangeras et te rassasieras, tu béniras l'Éternel, ton Dieu, pour le bon pays qu'il t'a donné. Lorsque tu mangeras et te rassasieras, lorsque tu bâtiras et habiteras de belles maisons, lorsque tu verras multiplier ton gros et ton menu bétail, s'augmenter ton argent et ton or, et s'accroître tout ce qui est à toi, prends garde que ton cœur ne s'enfle, et que tu n'oublies l'Éternel, ton Dieu, qui t'a fait sortir du pays d'Égypte, de la maison de servitude, qui t'a fait marcher dans ce grand et affreux désert, où il y a des serpents brûlants et des scorpions, dans des lieux arides et sans eau, et qui a fait jaillir pour toi de l'eau du rocher le plus dur, qui t'a fait manger dans le désert la manne inconnue à tes pères, afin de t'humilier et de t'éprouver, pour te faire ensuite du bien. Garde-toi de dire en ton cœur : Ma force et la puissance de ma main m'ont acquis ces richesses. Souviens-toi de l'Éternel, ton Dieu, car c'est lui qui te donnera de la force pour les acquérir, afin de confirmer, comme il le fait aujourd'hui, son alliance qu'il a jurée à tes pères. Si tu oublies l'Éternel, ton Dieu, et que tu ailles après d'autres dieux, si tu les sers et te prosternes devant eux, je vous déclare formellement aujourd'hui que vous périrez. Vous périrez comme les nations que l'Éternel fait périr devant vous, parce que vous n'aurez point écouté la voix de l'Éternel, votre Dieu » ***Deutéronome 8 : 12-20.***

Bien-aimé(e), certains échecs surviennent pour nous apprendre l'humilité et nous rendre conscients de la grâce de Dieu sur nos vies. Parfois, Dieu utilise ces moments pour mieux nous parler, car l'abondance peut, chez plusieurs personnes, rendre difficile l'écoute de Sa voix.

Dieu enseigne dans la souffrance

> *« Mais Dieu sauve le malheureux dans sa misère, Et c'est par la souffrance qu'il l'avertit. »*
> ***Job 36 : 15***

Certaines circonstances difficiles sont des occasions que Dieu utilise pour communiquer avec nous, c'est souvent dans ces moments de vulnérabilité que nous sommes le plus disposés à écouter Sa voix. Dieu n'envoie pas des difficultés pour nous punir, mais plutôt pour nous corriger, nous guider et nous enseigner des leçons importantes.

La Leçon d'Humilité de Pierre

Pierre, confiant en sa propre force, avait proclamé avec assurance qu'il ne renierait jamais Jésus, même si tous les autres disciples le faisaient. Mais lorsque la pression est devenue insoutenable et la peur l'a envahi, Pierre a trahi son Seigneur à trois reprises, exactement comme Jésus le lui avait prédit avant que le coq ne chante deux fois. Ce moment d'épreuve a été une révélation pour Pierre, confronté à sa propre faiblesse et à la réalité brutale de sa trahison.

C'est devant des serviteurs et d'autres témoins présents dans la cour que Pierre a nié connaître Jésus, reniant fermement toute association avec lui. Ce reniement a été un rude réveil pour Pierre, lui faisant réaliser sa vulnérabilité et son incapacité à agir seul, sans la présence et la puissance de Dieu. L'épreuve a ébranlé son orgueil et l'a conduit à placer une confiance authentique en Dieu. Par la suite, lorsqu'il s'est trouvé confronté à des rois et des autorités pour défendre les intérêts du Royaume de Dieu, Pierre a pu le faire avec une audace renouvelée, sachant qu'il comptait sur la grâce de Dieu pour le soutenir dans ses actions et ses paroles.

> *« Pierre était assis dehors dans la cour. Une servante s'approcha de lui, et dit : Toi aussi, tu étais avec Jésus le Galiléen. Mais il le nia devant tous, disant : Je ne sais ce que tu veux dire. Comme il se dirigeait vers la porte, une autre servante le vit, et dit à ceux qui se trouvaient là: Celui-ci était avec Jésus de Nazareth. Il le nia de nouveau, avec serment : Je ne connais pas cet homme. Peu après, ceux qui étaient là, s'étant approchés, dirent à Pierre : Certainement tu es aussi de ces gens-là, car ton langage te fait reconnaître. Alors il commença à faire des imprécations et à jurer, en disant : Je ne connais pas cet homme. Aussitôt un coq chanta. Et Pierre se souvint de la parole que Jésus avait dite : Avant que le coq chante, tu me renieras trois fois. Et étant sorti, il pleura amèrement ».*
> *Matthieu 26 : 69-75*

Les échecs sont donc souvent un moyen que le Seigneur utilise afin de nous enseigner l'humilité et la simplicité de cœur.

VÉRITÉ 2 : LES ÉCHECS VOUS FONT DÉCOUVRIR DES ASPECTS DE VOUS-MÊME QUE VOUS IGNORIEZ

«Ce qui ne vous tue pas vous rend plus fort.»

Toutes les épreuves que vous traversez, tous les échecs que vous rencontrez, et même les coups durs qui ne vous ont pas ôté la vie, ont le potentiel de vous rendre plus fort, plus solide et plus résilient.

C'est dans l'épreuve que les plus grandes visions sont enfantées, et c'est dans la douleur que les plus grandes réussites s'écrivent. Les échecs se manifestent souvent comme des pressoirs qui agissent en vous pour extraire le meilleur de vous-même, tout comme lorsqu'on presse un citron pour en extraire son jus. De la même manière que le citron a besoin d'être pressé pour que vous bénéficiez de son jus riche en vitamine C, les épreuves et les échecs vous pressent pour faire ressortir en vous des qualités insoupçonnées qui vous seront d'une grande utilité.

Ainsi, c'est souvent dans les moments difficiles que vous découvrez des aspects de vous-même dont vous n'aviez pas conscience auparavant. C'est dans ces moments que vous découvrez certaines aptitudes ou traits de caractère que vous possédez, tels que la persévérance, la patience, la résilience, la discipline, l'adaptabilité, la confiance en soi, les compétences interpersonnelles, la sagesse…

Il est important de souligner que c'est dans les moments difficiles que vous vous découvrez sous un nouveau jour. Parfois, les échecs vous permettent de mieux vous connaître et de faire ressortir le meilleur de vous-même. Ces moments de crise révèlent votre véritable caractère et vous montrent de quoi vous êtes capable.

L'adversité vous apprend à ne pas abandonner dès le premier obstacle, et l'échec vous enseigne des leçons précieuses. Comme le dit le dicton, «Si vous n'apprenez pas par la sagesse, vous apprendrez par la douleur», et l'échec est un excellent enseignant qui donne des leçons plus simples à assimiler.

L'histoire de Denzel Washington

Denzel Washington est devenu l'un des acteurs les plus célèbres d'Hollywood, mais son chemin vers le succès a été semé d'embûches. Il a commencé sa carrière avec de modestes rôles, mais a dû faire face à de nombreux rejets et déceptions. Malgré ces obstacles, il n'a jamais abandonné.

Il a persévéré et travaillé dur, enchaînant les petits rôles jusqu'à ce qu'il obtienne sa première grande opportunité dans une série télévisée. Même après ce succès initial, il a encore rencontré des revers, mais Denzel ne s'est pas laissé décourager.

Finalement, son rôle dans *Glory* lui a valu un Oscar, marquant un tournant décisif dans sa carrière. Avec le temps et la persévérance, il s'est considérablement amélioré et est devenu la célébrité qu'il est aujourd'hui.

Les échecs sont souvent des révélateurs des aspects cachés de vous-même. Ils vous poussent à découvrir des forces, des compétences et des qualités que vous ignoriez posséder. À travers les difficultés, vous développez la résilience, la patience et la sagesse. En apprenant de vos échecs et en persévérant, vous pouvez révéler votre véritable potentiel et réaliser des choses extraordinaires. C'est dans ces moments difficiles que vous vous découvrez sous un nouveau jour et que vous faites ressortir le meilleur de vous-même.

VÉRITÉ 3 : PARFOIS, CE QUE VOUS CONSIDÉREZ COMME UN ÉCHEC EST EN RÉALITÉ LE DÉBUT D'UN NOUVEAU ET MEILLEUR CHEMIN

Dans votre quête du bonheur, il peut arriver que vous vous accrochiez à des idéaux qui ne correspondent pas toujours à la volonté de Dieu. Lorsque Dieu perçoit que vos choix risquent de vous éloigner du chemin qu'Il a tracé pour vous, Il peut intervenir en fermant cette porte, que ce soit une rupture d'une opportunité d'affaires ou de contrat, une rupture de fiançailles, une offre d'emploi non aboutie, ou l'échec d'un projet de voyage ou de déménagement.

Vous pouvez considérer ces événements comme des échecs, mais pour Dieu, ce n'est pas le cas. Il vous rappelle que Ses pensées et Ses voies sont différentes des vôtres. Il sait que si vous obtenez ce que vous désirez, vous pourriez passer à côté du meilleur qu'Il a prévu pour vous.

> *« Car mes pensées ne sont pas vos pensées, Et vos voies ne sont pas mes voies, dit l'Éternel. »*
> *Ésaïe 55 : 8*

En tant que planificateur de votre vie, Dieu a des desseins pour vous, des projets de paix et de bonheur.

> *« Car je connais les projets que j'ai formés sur vous, dit l'Éternel, projets de paix et non de malheur, afin de vous donner un avenir et de l'espérance. »*
> ***Jérémie 29 : 11***

Il connaît ces projets et les intentions qu'Il a pour vous. Même lorsque vous faites face à des situations que vous considérez comme des échecs, sachez que Dieu peut les utiliser pour vous préserver des malheurs ou pour vous guider vers un chemin meilleur, conforme à Sa volonté.

Les épreuves qui peuvent sauver

On raconte souvent l'histoire d'un homme qui se préparait depuis des mois pour un voyage très important. Le jour venu, plein d'enthousiasme, il se rend à l'aéroport pour s'enregistrer. Mais voilà, une fois sur place, il réalise avec effroi qu'il a oublié son passeport à la maison. Imaginez sa panique ! Dans un état de stress intense, il fait rapidement demi-tour pour récupérer son passeport.

De retour à l'aéroport, il reçoit la nouvelle dévastatrice : l'avion qu'il devait prendre vient tout juste de décoller. Abattu, il rentre chez lui, le cœur lourd de déception, se demandant pourquoi Dieu avait permis cette situation.

Le lendemain, en regardant les informations à la télévision, il découvre avec stupeur que l'avion dans lequel il aurait dû embarquer a été victime d'un terrible crash, ne laissant aucun survivant.

C'est alors qu'il réalise que son oubli du passeport n'était pas une malchance, mais était permis par Dieu pour le préserver. Ce qu'il a pris pour un échec s'est avéré être une protection de Dieu qui lui a épargné une tragédie inimaginable.

Nous vivons tous des histoires semblables à un moment donné de notre vie. Parfois, Dieu permet que vous manquiez ce vol, non pas parce que c'était une simple coïncidence, mais parce que le prochain vol que vous prendrez vous réservera des opportunités inattendues. Peut-être que ce vol manqué vous conduira à rencontrer un partenaire d'affaires ou de destinée qui changera le cours de votre vie de manière décisive.

Il se peut que vous ayez été sur le point de signer un contrat qui ne s'est pas concrétisé. Mais parfois, cela se produit parce que la personne avec qui vous auriez signé ce contrat n'était pas honnête ou fiable.

Vous étiez prêt à vous engager dans une relation, peut-être même prêt à vous fiancer ou à vous marier, mais cela ne s'est pas réalisé car cette personne n'était pas la bonne pour vous. Et lorsque vous finissez par rencontrer la bonne personne, vous réalisez que si la première opportunité avait fonctionné comme prévu, vous seriez passé à côté d'un véritable joyau.

Ma relation de fiançailles qui n'a pas abouti

Il y a quelques années, j'étais en relation avec une amie que je connaissais depuis plusieurs années. Au départ, quand je l'ai rencontrée, elle était une personne de principe, avec un bon caractère et une bonne éducation. Quelques années après notre rencontre, bien que n'étant plus dans le même pays, nous avons gardé une bonne relation d'amitié et avons commencé à envisager un futur ensemble. J'étais convaincu que cette relation était conforme à la volonté de Dieu.

La vérité est que je pensais sérieusement au mariage avec elle, mais mes parents m'avaient mis en garde, car ils n'avaient pas très confiance. Pour moi, c'était elle la femme de ma vie et j'en étais très convaincu. Malgré cela, je priais régulièrement pour que le Seigneur expose les choses cachées. Un jour, en priant, l'Esprit m'a révélé une chose pas très saine à son sujet, mais je ne l'ai pas prise au sérieux. Des mois plus tard, après une confrontation et un échange, elle me l'a avoué. Suite à cela, j'ai été obligé de mettre fin à la relation.

Après cette expérience, j'ai essayé d'autres relations qui n'ont pas abouti. Cette série d'événements et de non-aboutissements, je l'ai longtemps considérée comme un échec. Mais en vérité, elle a été le début d'un nouveau chemin avec celle qui est aujourd'hui mon épouse, et que j'appelle affectueusement ma pépite.

Aujourd'hui, plus que jamais, je suis tellement reconnaissant à Dieu pour mon épouse. Et je bénis vraiment le Seigneur pour tous ceux qui m'ont dit non dans le passé. Ces «non», ces portes fermées, ces échecs m'ont orienté vers la bonne personne que Dieu avait prévue pour moi. Je me dis que si je ne l'avais pas épousée, je serais passé à côté d'une si grande bénédiction.

Dieu accomplira Ses projets dans votre vie

> *« Il y a dans le cœur de l'homme beaucoup de projets, mais c'est le dessein de l'Éternel qui s'accomplit. »* ***Proverbes 19 : 21***

Ne perdez pas courage, sachez que le Seigneur est au contrôle de votre vie et qu'Il vous conduira à bon port par Son Esprit. Quel que soit ce que vous avez vécu—divorce, perte d'emploi, échec scolaire, faillite financière, maladie grave, trahison, échec entrepreneurial—ces événements ne sont pas une fatalité. Dieu a un meilleur plan pour vous et Il accomplira, au temps marqué, Ses projets de bonheur dans votre vie.

Dieu s'apprête à faire de vous un témoignage vivant de Sa gloire au nom de Jésus-Christ. Souvenez-vous que même si vos plans peuvent échouer, c'est le dessein du Seigneur qui s'accomplira si vous Lui faites confiance et décidez de tout remettre à Ses pieds. Ses voies sont parfaites et Ses plans sont toujours pour votre bien. Alors, gardez la foi et laissez Dieu vous guider vers ce chemin qu'Il a Lui-même tracé et vers les projets qu'Il a en réserve pour vous.

Dieu n'a pas encore fini avec vous.

VÉRITÉ 4 : LES ÉCHECS PERMETTENT DE REVOIR VOS STRATÉGIES

Une autre chose que l'échec favorise, c'est la réévaluation des stratégies initialement mises en place. Après un échec, il est normal de revoir et de réévaluer votre stratégie afin d'identifier les axes d'amélioration. Cette réflexion permet de faire ressortir les éléments qui n'ont pas fonctionné et d'entrevoir de nouvelles approches pour atteindre vos objectifs.

Par exemple, si un plan d'action ne donne pas les résultats escomptés, il est nécessaire de prendre du recul et d'analyser ce qui n'a pas fonctionné. Peut-être avez-vous mal évalué les obstacles, surestimé vos ressources ou sous-estimé certains paramètres. En examinant vos tactiques, vous pouvez identifier les lacunes et ajuster votre approche pour maximiser vos succès à l'avenir.

Les échecs peuvent également vous pousser à étudier de nouvelles idées ou des solutions alternatives que vous n'aviez pas envisagées auparavant. Parfois, c'est dans l'adversité que vous découvrez des opportunités cachées ou des pistes de développement insoupçonnées.

L'histoire de Chris Gardner

Chris Gardner, entrepreneur et écrivain américain, est surtout connu grâce au film «À la recherche du bonheur», qui relate son parcours. Avant de devenir entrepreneur, il a traversé des moments extrêmement difficiles. Il avait initialement poursuivi une carrière en médecine, mais en raison de diverses circonstances, il s'est retrouvé sans abri avec son jeune fils.

Malgré ces difficultés, Chris a décidé de changer de cap professionnel. Il a entrepris une formation en courtage financier, bien que cela signifiait lutter contre les difficultés financières tout en effectuant un stage non rémunéré. Son acharnement et sa persévérance l'ont finalement conduit à établir sa propre entreprise de courtage et à devenir un entrepreneur prospère.

Osez la flexibilité

Les échecs vous permettent de vous évaluer afin de savoir si vous êtes réellement appelés à suivre le chemin que vous êtes en train de suivre, ou si vous êtes appelés à faire autre chose. Comme Chris Gardner, ne restez pas figé dans une situation qui ne vous apporte pas de résultats satisfaisants.

Ne vous accrochez pas obstinément à une idée simplement parce qu'elle était la première. Si votre première idée ne porte pas ses fruits, il est temps de la remettre en question et d'embrasser un changement de direction sans honte. Acceptez que les erreurs sont humaines et, si vous vous êtes trompé, ne craignez pas de changer de cap.

Ne vous laissez pas retenir par un chemin qui ne vous convient pas juste pour plaire à votre entourage. Si vous vous sentez coincé dans votre travail, envisagez de changer de carrière. Si répéter une année à l'université ne donne aucun résultat, peut-être est-il temps de changer de filière. De même, si une relation stagne et que les problèmes persistent, n'ayez pas peur de rompre pour trouver la bonne personne. La clé est de savoir quand il est temps de changer de cap, sans craindre le jugement des autres.

Revoir vos stratégies avec créativité et innovation

Lorsque vous êtes confronté à des échecs, votre esprit est naturellement poussé à chercher des solutions alternatives et novatrices. L'innovation n'est pas seulement un moyen de surmonter les échecs, mais aussi une opportunité d'aller au-delà des limitations antérieures.

Prenons l'exemple d'une personne traversant une période financièrement difficile. Pour redresser la situation, elle décide de se former, de développer de nouvelles compétences et de chercher d'autres sources de revenus. Ces stratégies novatrices, souvent nées de l'inconfort, peuvent ouvrir la voie à des opportunités inattendues.

L'inconfort : un terrain fertile pour la croissance

Souvent, c'est dans l'adversité que naissent les idées les plus innovantes et les projets les plus inventifs. En 2020, alors que le monde faisait face à une pandémie et que le confinement restreignait nos mouvements, beaucoup ont transformé ces défis en opportunités. Certains ont créé des entreprises en ligne pour répondre aux nouveaux besoins, tandis que d'autres ont développé des solutions numériques pour s'adapter au travail à distance. Ces moments d'inconfort ont été des catalyseurs de changement et d'innovation.

Changer de stratégie pour progresser

Dans certaines situations, changer de stratégie peut mener

à des résultats probants. Parfois, l'échec survient parce que l'approche adoptée n'était pas la plus adaptée. Ce qui fonctionne pour une personne peut ne pas fonctionner pour une autre. Chacun est unique, avec ses propres préférences et expériences.

Soyez prêt à ajuster vos plans et à prendre des mesures courageuses pour maximiser vos possibilités de succès.

Prenons le cas d'un étudiant qui échoue à plusieurs examens de façon successive. Il peut revoir sérieusement sa méthode de travail et de révision si elle s'avère inefficace. Peut-être est-ce quelqu'un qui s'y prend toujours à la dernière minute, révisant seulement lorsque la date de l'examen est proche. Dans ce cas, il doit apprendre à anticiper les échéances en planifiant ses révisions de manière progressive, sur plusieurs semaines, afin d'assimiler les notions en profondeur.

Il se peut également que sa méthode de lecture ou de mémorisation soit défaillante. Par exemple, s'il s'appuie uniquement sur sa mémoire sans chercher à comprendre le fond des concepts étudiés, cela peut le pénaliser. La mémoire seule peut le trahir, notamment sous l'effet du stress le jour de l'examen. En revanche, s'il prend le temps de réellement comprendre ce qu'il étudie, même s'il oublie la formulation exacte de ses leçons, il pourra expliquer les concepts avec ses propres mots. Voilà un véritable changement de stratégie.

De plus, s'il rencontre des difficultés à comprendre les cours en classe, il peut approfondir ses connaissances en utilisant des vidéos explicatives, en consultant des ouvrages spécialisés en bibliothèque, ou en rejoignant des groupes d'étude.

Il est également essentiel que l'étudiant apprenne à se connaître. Certains apprenants sont des autodidactes : ils comprennent mieux lorsqu'ils étudient seuls, dans un environnement calme, loin des distractions. Pour ces profils, il est important de multiplier les sessions de travail individuel à la maison, afin de renforcer leur compréhension.

Transformation des stratégies infructueuses

Les échecs, bien qu'ils soient souvent perçus comme des obstacles permettent de réévaluer et ajuster vos stratégies. Lorsqu'il survient dans votre vie, il est important pour vous de prendre le temps d'identifier les stratégies qui n'ont pas fonctionné et de comprendre pourquoi elles ont échoué. Cette simple réflexion vous aidera à déterminer les points à améliorer et de définir de nouvelles approches pour atteindre vos objectifs.

Prenons l'exemple d'une entrepreneure qui a investi dans une boutique physique de vêtements. Après plusieurs mois d'exploitation, les ventes étaient décevantes en raison d'un emplacement peu stratégique et d'un manque de visibilité. Face à cet échec, elle a décidé d'étendre son activité en ligne. Grâce à une formation en marketing digital, elle a appris à utiliser les réseaux sociaux pour promouvoir ses produits et a créé une boutique en ligne. Non seulement elle a récupéré ses pertes, mais elle a également élargi sa clientèle au-delà de sa ville, ce qui lui a permis de transformer son échec initial en une réussite durable.

VÉRITÉ 5 : LES ÉCHECS VOUS GUIDENT VERS L'EXCELLENCE, PARFOIS SANS QUE VOUS VOUS EN RENDIEZ COMPTE

Au-delà de la résilience, les échecs vous enseignent à ne jamais prendre les choses à la légère et à exceller dans tout ce que vous entreprenez. Lorsque vous échouez en raison d'un travail médiocre ou d'une préparation insuffisante, vous ne souhaitez plus jamais revivre cette expérience. Ainsi, vous visez l'excellence.

Je me rappelle avoir passé une fois un entretien d'embauche où je ne m'étais pas suffisamment préparé sur les aspects techniques du métier. Pendant l'entretien, j'étais très inconfortable, mal à l'aise de ne pas être en mesure de répondre à des questions qui pourtant étaient basiques. À la fin de l'entretien, j'étais conscient de ma mauvaise préparation et je savais aussi que cela ne devrait pas aboutir.

Depuis ce jour, j'ai pris une résolution : «Il faut que ça change.» Avant de passer un quelconque entretien, je prends le temps de me préparer, de faire des recherches approfondies et de m'assurer d'être prêt. Quelque temps plus tard, lors d'autres entretiens, tout était différent. Les résultats positifs et les retours encourageants que j'ai reçus m'ont confirmé l'importance de cette diligence.

Voyez-vous, les échecs nous délivrent parfois de la paresse et de la médiocrité pour nous rendre plus excellents. Parfois, ce genre d'événement est nécessaire pour nous réveiller.

> *« L'âme du paresseux a des désirs qu'il ne peut satisfaire ; Mais l'âme des diligents sera rassasiée. »* **Proverbes 13 : 4**

Lorsque vous échouez à cause d'une attitude paresseuse, vous apprenez à haïr la paresse et à développer la diligence. C'est le prix à payer pour ne plus être au niveau où vous êtes aujourd'hui.

L'excellence par le sacrifice

Quelqu'un a dit un jour : *« Dans la vie, il n'y a que deux options : soit vous payez le prix aujourd'hui et vous vous réjouissez demain, soit vous vous réjouissez aujourd'hui et payez le prix demain. Dans tous les cas, il y aura un prix à payer. »*

Cette leçon, vous l'apprenez souvent à travers l'échec. En prenant conscience de cette réalité, vous choisissez de payer le prix qui vous conduira vers l'excellence. Cela peut inclure :

- Réduire vos temps de sommeil pour consacrer plus d'heures au travail ou aux études.

- Renoncer à des loisirs ou à certaines activités sociales pour vous concentrer sur vos objectifs.

- Limiter les dépenses superflues pour investir dans votre avenir.

- Accepter des responsabilités supplémentaires au travail pour progresser professionnellement.

- Vous éloignez de relations toxiques ou non productives qui freinent votre croissance.

- Consacrer du temps à l'apprentissage continu et au perfectionnement de vos compétences.

- Prendre des risques calculés pour quitter votre zone de confort et saisir de nouvelles opportunités.

- Faire des compromis sur certains aspects de votre vie personnelle pour atteindre vos objectifs professionnels.

En adoptant ces principes, vous apprenez que l'excellence est souvent le fruit du sacrifice. Ce chemin, bien qu'exigeant, mène toujours à des récompenses durables.

VÉRITÉ 6 : LES ÉCHECS FORGENT LE CARACTÈRE ET VOUS POUSSENT À DEVENIR UNE MEILLEURE VERSION DE VOUS-MÊME

Avez-vous déjà rencontré des personnes qui, malgré les nombreux défis auxquels elles ont été confrontées, ont su se relever avec une force et une détermination impressionnante? Ces personnes, à qui l'on a fermé des portes, refusé des contrats et retiré des opportunités, ont dû se battre seuls, comptant uniquement sur la grâce de Dieu pour les soutenir. Ce qui distingue ces personnes, c'est la résilience qu'elles ont développée au fil du temps. Leur caractère, forgé dans le creuset des épreuves et des échecs, est d'une solidité à toute épreuve.

« Mes frères, regardez comme un sujet de joie complète les diverses épreuves auxquelles vous pouvez être exposés, sachant que l'épreuve de votre

foi produit la patience. Mais il faut que la patience accomplisse parfaitement son œuvre, afin que vous soyez parfaits et accomplis, ne manquant de rien ».
Jacques 1 : 2 - 4

Les épreuves, un tremplin pour la résilience

Les échecs, bien qu'ils soient souvent douloureux, jouent un rôle déterminant dans le développement de la résilience. Lorsque vous surmontez une épreuve difficile, vous développez une audace et un courage accrus. Les échecs agissent comme des semences qui, une fois germées, produisent la détermination. Chaque défi surmonté vous rend plus fort et plus résilient, capable de faire face à toutes les situations, même les plus ardues.

Prenons l'exemple de Donald Trump, ancien président des États-Unis. Après sa défaite face à Joe Biden lors des élections présidentielles de 2020, il aurait pu se retirer de la scène politique. Pourtant, il a choisi de persévérer, de continuer à mobiliser sa base et à défendre ses idées. Malgré les accusations et les obstacles juridiques, Trump est revenu avec force, se positionnant comme le 47e président des États-Unis. L'histoire de Trump nous enseigne vraiment comment les échecs peuvent devenir des tremplins pour un retour en force lorsqu'ils sont affrontés avec détermination.

Ce que vous devenez est plus important que ce que vous obtenez

Au-delà des succès et des échecs que vous rencontrez, ce qui importe le plus est la personne que vous devenez à travers ces expériences. Chaque épreuve surmontée, chaque obstacle franchi, chaque échec transformé en leçon vous façonne et forge en vous un caractère solide et résilient. Votre croissance personnelle, votre force intérieure, et votre capacité à rebondir malgré les difficultés sont les véritables trésors que vous emporterez tout au long de votre vie.

> *«Au jour du bonheur, sois heureux, et au jour du malheur, réfléchis : Dieu a fait l'un comme l'autre, afin que l'homme ne découvre en rien ce qui sera après lui.»* **Ecclésiaste 7 : 14**

Les échecs, une voie vers la meilleure version de soi-même

Les échecs révèlent souvent le meilleur en vous. Bien qu'ils soient douloureux, ils vous poussent à grandir, à observer et à prendre des décisions bénéfiques à long terme. Ainsi, ils vous incitent à devenir meilleur, à saisir les prochaines opportunités avec une approche renouvelée.

Chaque échec vous offre l'opportunité de vous améliorer et de renforcer votre caractère. Le plus important n'est pas de ne jamais échouer, mais d'apprendre à se relever plus fort et plus sage après chaque chute. Les échecs deviennent ainsi des tremplins vers une transformation profonde, vous guidant vers la personne que vous êtes appelé à devenir.

VÉRITÉ 7 : L'ÉCHEC N'EST PAS NÉCESSAIREMENT UN SIGNE DE MALÉDICTION, MAIS PARFOIS UN INDICATEUR QUE LA SAISON PRÉCÉDENTE N'EST PAS ENCORE TERMINÉE ET QUE LA PROCHAINE ÉTAPE N'EST PAS ENCORE ARRIVÉE.

« Il fait toute chose bonne en son temps. »
Ecclésiaste 3 : 11

Certains échecs sont des indicateurs qui vous montrent que ce n'est pas encore le moment de changer de cap, de passer à une étape, d'intégrer une nouvelle entreprise… Pensez à la vie comme une série de saisons. Il y a un temps pour semer et un temps pour récolter, un temps pour la croissance et un temps pour la pause. Parfois, nous sommes trop impatients et voulons forcer notre chemin vers le succès, même lorsque ce n'est pas la saison idéale pour cela.

Lorsque vous faites face à un échec, prenez du recul et réfléchissez à la saison dans laquelle vous vous trouvez. Peut-être que ce n'est pas encore le moment propice pour atteindre cet objectif spécifique. Cela ne signifie pas que vous devez abandonner, mais plutôt que vous devez ajuster votre calendrier.

Exemple d'un agriculteur : le timing des récoltes

Un agriculteur ne récolte jamais immédiatement après avoir semé. Il sait qu'il y a une saison pour planter, une autre pour laisser la terre se reposer, et enfin un temps pour la récolte. Si l'agriculteur s'impatiente et tente de récolter trop tôt, il risque de ruiner son travail. De la même manière, dans votre vie, certaines opportunités peuvent ne pas encore être mûres. Cela ne signifie pas que vos efforts sont vains, mais qu'il faut attendre la bonne saison pour que les fruits de votre travail apparaissent.

Continuez à travailler tout comme vous l'avez fait auparavant. Attendez patiemment que la saison appropriée arrive, et lorsque le moment sera venu, vos efforts précédents porteront leurs fruits. L'échec n'est pas toujours une fin, mais parfois un rappel que vous devez être en phase avec la ison dans laquelle vous êtes.

VÉRITÉ 8 : LES ÉCHECS FONT DE VOUS UN ÉCRIVAIN DE L'HISTOIRE. UNE FOIS SURMONTÉS, ILS VOUS TRANSFORMENT EN UN MODÈLE POUR LES AUTRES ET VOUS DONNENT LA LÉGITIMITÉ POUR PRODIGUER DES CONSEILS.

> *« Mes frères, regardez comme un sujet de joie complète les diverses épreuves auxquelles vous pourrez être exposés, sachant que l'épreuve de votre foi produit la patience. Mais il faut que la patience accomplisse parfaitement son œuvre, afin que vous soyez parfaits et accomplis sans faillir en rien »* **Jacques 1 : 2-4.**

Dans ce verset, nous apprenons que les situations difficiles, les adversités, les persécutions et les échecs, lorsqu'ils sont vécus avec persévérance, produisent une œuvre parfaite. Elles ne sont pas seulement des moments de souffrance, mais elles façonnent des hommes et des femmes en témoins vivants de la puissance transformatrice de Dieu. Ces personnes deviennent des modèles, des écrivains de l'histoire, capables de prodiguer des conseils, car elles ont traversé, avec patience et foi, des épreuves qui semblaient insurmontables. Leur vécu confère à leurs paroles un poids et une autorité spirituelle profonde. Lorsque vous regardez ces situations à travers les yeux de la foi, ce qui était autrefois une période de défaite se transforme en une opportunité de triomphe. Ceux qui ont affronté et surmonté des épreuves enseignent à partir de leur expérience, et non d'une simple théorie. Comme il est écrit, *« l'épreuve de votre foi produit la patience »*, une patience qui façonne intérieurement et vous prépare à devenir parfaits et accomplis.

Votre histoire est votre enseignement

Les enseignements les plus marquants ne viennent pas des théoriciens, mais de ceux qui ont affronté et surmonté les épreuves qu'ils partagent. Les échecs, une fois dominés, vous transforment en un témoin vivant, dont l'histoire est une véritable prédication pour ceux qui vous entourent.

Il y a quelques années, alors que je me pressais d'écrire un livre, le Saint-Esprit m'a dit :

« Les hommes n'ont pas besoin de lire ton livre pour être transformés ; ils ont besoin que ta vie devienne ce livre par lequel ils seront transformés. »

Cette parole m'avait profondément bouleversé, ce qui m'avait conduit à l'époque à mettre mon projet d'écriture de côté pour me concentrer davantage sur ma personne et mon caractère. En effet, ce qui influence le plus les gens, ce ne sont pas nos paroles, mais ce que nous sommes et ce que nous faisons.

Ainsi, il ne s'agit pas seulement de lire un livre intitulé «10 conseils pour vaincre l'échec». Parfois, il suffit d'observer la vie d'une personne qui a traversé avec brio un échec pour en tirer des leçons édifiantes. Le témoignage authentique d'une personne ayant surmonté des épreuves est bien plus puissant qu'une théorie abstraite. Leur vie devient une prédication, car leurs victoires découlent d'une expérience réelle et non d'une simple réflexion intellectuelle.

Un message vivant d'espoir

Votre parcours est un message vivant d'espoir pour tous ceux qui traversent des difficultés. Il montre que l'épreuve n'est pas la fin, mais une étape vers la victoire. Vous devenez une source d'inspiration, et ceux qui vous écoutent réalisent que leur propre situation, aussi difficile soit-elle, peut être surmontée. En entendant votre témoignage, certains comprennent que ce que vous avez vécu était peut-être encore plus difficile que leur propre épreuve. Cela les pousse à relativiser et à se dire : «Si elle a réussi à s'en sortir, moi aussi, je peux le faire.»

L'exemple de Joyce Meyer

Prenons l'exemple de Joyce Meyer, une figure bien connue, dont la vie témoigne de la grâce et de la puissance restauratrice de Dieu. Elle a été abusée sexuellement par son père pendant son enfance, une situation qui l'a plongée dans une souffrance et un sentiment d'abandon profonds. Mais lorsqu'elle s'est tournée vers le Seigneur, elle a été restaurée et transformée de manière incroyable. Aujourd'hui, elle est non seulement guérie, mais elle a également pardonné à son père avant sa mort. Son témoignage inspire des millions de personnes, leur prouvant qu'il est possible de sortir des abus sans être emprisonné par l'amertume ou la haine.

Un impact qui dépasse votre propre vie

Joyce Meyer n'a pas seulement surmonté ses souffrances personnelles. Aujourd'hui, son histoire touche et transforme la vie de milliers de personnes qui, en écoutant son parcours, sont fascinées par la manière dont Dieu l'a guérie. Selon les études psychologiques, les victimes d'abus comme celui qu'elle a vécu sont souvent profondément marquées à vie, finissant parfois dans des comportements destructeurs. Cependant, Joyce a su transcender ces statistiques par la grâce de Dieu. Elle incarne la preuve que même les pires blessures peuvent être guéries par la puissance de l'Esprit. Ce témoignage vivant n'est pas une simple théorie ou un enseignement abstrait. C'est une démonstration réelle de l'intervention divine dans une vie brisée.

Une source de fierté et de joie

Ce qui autrefois vous semblait être un fardeau insupportable peut devenir une raison de fierté et de joie. Vous réalisez que vos souffrances n'ont pas été vaines. Vous êtes non seulement un exemple de résilience, mais aussi une lumière pour ceux qui luttent encore. Votre échec est transformé en tremplin pour la victoire, et cette victoire inspire les autres. Tout comme Joyce Meyer, vous devenez un témoignage vivant, une preuve que l'échec peut être surmonté, et que la grâce de Dieu peut transformer n'importe quelle situation.

VÉRITÉ 9 : LES ÉCHECS VOUS APPRENNENT À VALORISER LES FAIBLES COMMENCEMENTS ET VOUS RAPPELLENT QUE LE SUCCÈS DEMANDE DU TEMPS ET UN DÉVOUEMENT CONSTANT.

Il existe une loi fondamentale que l'on appelle la loi du processus et des faibles commencements. Tout ce qui est grand aujourd'hui a été petit hier.

L'arbre majestueux que vous voyez aujourd'hui était hier une simple graine, enfouie dans la terre, invisible aux yeux de tous. De même, l'homme ou la femme que vous êtes aujourd'hui a commencé par une semence. Cette semence est devenue un embryon, puis un fœtus, avant de naître sous la forme d'un bébé fragile et dépendant.

Il faut environ neuf mois à un embryon pour se développer convenablement dans le ventre d'une femme avant de venir au monde. Après la naissance, le bébé traverse plusieurs étapes de croissance : de nourrisson à petit enfant, puis à l'enfance. Vers l'âge de 11 ou 12 ans, il entre dans l'adolescence, une période de transformation physique et mentale qui le prépare à l'âge adulte. Bien qu'il devienne légalement adulte vers 18 ans, sa maturité continue de se développer bien au-delà, car devenir autonome et prêt à voler de ses propres ailes nécessite du temps, des expériences et de la persévérance.

Il existe une loi fondamentale que l'on appelle la loi du processus et des faibles commencements. Tout ce qui est grand aujourd'hui a été petit hier. L'arbre majestueux que vous voyez aujourd'hui était hier une simple graine, enfouie dans la terre, invisible aux yeux de tous. De même, l'homme ou la femme que vous êtes aujourd'hui a commencé par une semence. Cette semence est devenue un embryon, puis un fœtus, avant de naître sous la forme d'un bébé fragile et dépendant.

Il faut environ neuf mois à un embryon pour se développer convenablement dans le ventre d'une femme avant de venir au monde. Après la naissance, le bébé traverse plusieurs étapes de croissance : de nourrisson à petit enfant, puis à l'enfance. Vers l'âge de 11 ou 12 ans, il entre dans l'adolescence, une période de transformation physique et mentale qui le prépare à l'âge adulte. Bien qu'il devienne légalement adulte vers 18 ans, sa maturité continue de se développer bien au-delà, car devenir autonome et prêt à voler de ses propres ailes nécessite du temps, des expériences et de la persévérance.

Chaque étape est importante. Rien n'est instantané. Le succès, la maturité, et même la sagesse sont le fruit d'un processus. Le statut d'enseignant par exemple ne s'acquiert pas du jour au lendemain. On ne naît pas ingénieur, médecin ou conférencier ; on suit un processus ou encore un cursus bien structuré pour atteindre ce statut. Avant de devenir enseignant, il faut d'abord être élève, passer de nombreuses années sur les bancs de l'école, dédier du temps à l'étude, aux apprentissages, subir des tests, des épreuves, des examens. Ensuite vient la validation des acquis, l'acquisition d'expérience, et seulement après tout cela, on peut prétendre au statut d'enseignant. Ce principe s'applique à tous les domaines de la vie. La science, avec ses nombreuses découvertes, illustre parfaitement cette loi de la croissance. Chaque avancée scientifique résulte d'années de recherches, d'échecs répétés, d'expérimentations, et d'un engagement constant à surmonter les obstacles. Plus les années passent, plus l'on découvre de nouvelles choses qui contribuent à l'évolution de notre société. Ainsi, que ce soit dans le domaine personnel, professionnel ou spirituel, souvenez-vous que le succès doit respecter la loi du processus.

Steve Jobs et les faibles commencements

Prenons l'exemple de Steve Jobs, cofondateur d'Apple. Avant de bâtir l'une des entreprises les plus influentes au monde, il a commencé dans un garage avec des moyens limités. Jobs et ses partenaires, Steve Wozniak et Ronald Wayne, travaillaient sur des ordinateurs rudimentaires, sans ressources financières importantes ni reconnaissance publique. Ce fut un début modeste. Cependant, à travers des années de travail acharné, de patience et de persévérance, ce petit projet s'est transformé en une entreprise révolutionnaire qui a changé le monde. Même après avoir été évincé d'Apple, Jobs n'a pas abandonné. Il a utilisé cet échec comme une opportunité pour se réinventer, lançant des projets comme NeXT et Pixar. Finalement, il est revenu chez Apple et a conduit l'entreprise à son apogée.

La nécessité d'être patient

Il n'est pas nécessaire de se précipiter lorsque vous n'obtenez pas encore les résultats escomptés. Travaillez et travaillez encore, car en le faisant, vous grandissez, et le temps viendra où les résultats seront apparents. Pendant que vous apprenez, vous ne restez pas inchangé, mais vous évoluez. Tout comme un bébé dans le ventre ne reste pas le même pendant neuf mois, vous ne restez pas la même personne à travers le temps.

La précipitation n'est pas une solution lorsque les résultats ne se manifestent pas immédiatement. Il faut plutôt travailler de manière continue, car c'est à travers ce processus que vous atteindrez les résultats souhaités au moment opportun. Chaque effort déployé contribue à votre évolution, et avec le temps, les résultats deviendront visibles.

De la même manière qu'un bébé se développe et change au cours des neuf mois de gestation, vous subissez également des transformations en traversant les différentes phases de votre vie. Chaque expérience, chaque leçon, chaque défi façonne votre être, vous permet de grandir, de vous développer, et lorsque le moment sera venu, vous réussirez là où vous avez échoué hier…

La patience vous aidera à croître convenablement, à respecter toutes les étapes du processus afin d'être parfaitement prêt à obtenir ce qui vous revient de droit. La patience vous aidera aussi à être confiant et à garder la paix.

CHAPITRE 5

CHANGER VOTRE REGARD SUR L'ÉCHEC

«L'échec n'est pas l'opposé du succès, il en fait partie.»
Arianna Huffington

La manière dont vous considérez l'échec déterminera l'influence qu'il aura sur votre vie. Si vous le percevez comme une expérience négative, il produira en vous des effets négatifs. En revanche, si vous le voyez comme une possibilité d'apprentissage et de croissance, il vous permettra de progresser. Dans ce chapitre, nous allons voir ensemble deux visions différentes qu'une personne peut avoir de l'échec, à travers l'acronyme ECHEC.

LA VISION NEGATIVE DE L'ECHEC

Lorsque vous avez une vision négative de l'échec, vous la percevez ainsi :

- **Erreur irréparable** : Vous pensez que l'erreur que vous avez commise ne pourra jamais être corrigée, peu importe les efforts que vous ferez.

- **Catastrophe** : Vous voyez l'échec comme une catastrophe qui détruit toute votre vie, votre carrière et même vos espoirs pour le futur.

- **Honte** : Vous ressentez une profonde honte et vous n'osez plus vous montrer, parler de votre situation ou réessayer ce que vous aviez entrepris.

- **Élimination** : Vous vous sentez exclu(e), comme si vous n'aviez plus votre place dans ce domaine ou ce projet.

- **Condamnation** : Vous vivez l'échec comme une sentence irrévocable, vous vous sentez jugé(e) et défini(e) uniquement par cet échec.

LA VISION POSITIVE DE L'ECHEC

À l'inverse, lorsque vous adoptez une vision positive de l'échec, vous le percevez comme un levier pour avancer et grandir :

- **Expérience :** L'échec se transforme en une expérience qui vous permet de développer des compétences, d'acquérir de la sagesse et de mieux comprendre les chemins à éviter.

- **Croissance :** Il vous offre l'opportunité de grandir, de renforcer votre caractère et de développer une résilience qui vous prépare à réessayer avec une approche plus éclairée.

- **Humilité :** L'échec vous enseigne à être humble, car Dieu fait grâce aux humbles.

- **Enseignement :** L'échec est un puissant outil d'apprentissage, vous offrant des leçons que ni les livres ni les conseils humains ne pourraient vous enseigner.

- **Changement :** Il agit comme un catalyseur de transformation positive, vous poussant à ajuster vos stratégies et à revoir vos priorités.

UNE QUESTION DE PERSPECTIVE

L'échec est une réalité, mais c'est votre perception qui déterminera l'impact qu'il aura sur vous. Si vous le considérez comme une limite, il aura un effet destructeur. Mais si vous choisissez de le voir comme une opportunité, vous en tirerez des bénéfices. Tout est une question de perspective :

> *« Il vous sera fait selon votre foi »*
> ***Matthieu 8 : 13.***

Si vous croyez que vos échecs vous détruiront, ils auront ce pouvoir. Mais si vous comprenez que vos échecs peuvent être des tremplins pour la gloire, ces mêmes échecs deviendront des instruments de transformation. Vous serez reconnaissant à Dieu d'avoir traversé ces épreuves, car sans elles, vous n'auriez peut-être pas appris certaines leçons essentielles, ni atteint les niveaux où vous êtes aujourd'hui.

Changez votre regard sur l'échec

C'est pourquoi il est impératif de changer votre regard sur l'échec. La décision est entre vos mains. Vous pouvez choisir de le voir comme une fin ou comme un nouveau départ. Mais souvenez-vous :

> *« Toutes choses concourent au bien de ceux qui aiment Dieu »* ***Romains 8 : 28.***

Si Dieu a permis que vous traversiez cette situation, c'est parce qu'Il a un but précis derrière chaque épreuve, un plan qui dépasse votre compréhension humaine. Changez de perspective et laissez Dieu transformer vos échecs en succès.

PARTIE 3 :

REDÉFINIR LA NOTION DE LA RÉUSSITE

CHAPITRE 6

UNE VIE RÉUSSIE OU UNE VIE D'ÉCHEC TOTALEMENT RÉUSSIE ?

«Car je connais les projets que j'ai formés sur vous, dit l'Éternel, projets de paix et non de malheur, pour vous donner un avenir et une espérance.»
Jérémie 29:11

On peut vivre une vie marquée par de nombreuses réalisations : une carrière professionnelle impressionnante, un parcours scolaire et académique irréprochable, des possessions matérielles enviables comme une belle voiture, une maison, un compte en banque bien rempli, des voyages luxueux en première classe, une bonne santé et même un engagement dans le service de Dieu.

Cependant, il est important de se poser cette question : est-ce que tout cela compte réellement aux yeux de Dieu ?

Est-ce que toutes ces réussites visibles et admirées par les hommes s'alignent avec Sa volonté ? Est-ce réellement à cela que Dieu vous appelle ?

Si ces accomplissements ne sont pas en phase avec ce que Dieu attend de vous, alors, aussi impressionnante que puisse paraître votre vie, elle pourrait être qualifiée d'échec selon Dieu mais totalement réussie selon les hommes.

LA PENSÉE DE DIEU VS LA PENSÉE DE L'HOMME

> *« Car mes pensées ne sont pas vos pensées, et vos voies ne sont pas mes voies, dit l'Éternel. »*
> ***Ésaïe 55 : 8***

Lorsque nous analysons attentivement ce passage, nous comprenons que Dieu ne pense pas comme les hommes. Son système, et sa logique de pensée sont complètement différents de ceux des hommes. De même, les voies qu'il emprunte ne sont pas celles des hommes ; autrement dit, les stratégies et les méthodes qu'il utilise sont bien éloignées des stratégies et méthodes humaines.

Ainsi, là où les hommes voient succès, abondance et prospérité, Dieu peut voir l'échec ou la pauvreté. Et là où les hommes célèbrent une victoire, Dieu peut discerner une défaite. Ce que les hommes appellent grand, Dieu peut l'appeler petit. En vérité, Dieu ne pense pas comme les hommes et Il utilise d'autres critères pour qualifier l'échec ou la réussite. En tant qu'enfant de Dieu, nous ne devons pas réduire l'échec ou la réussite à de simples victoires humaines.

Les critères du monde contre les critères de Dieu

Dans le monde, la réussite est souvent mesurée par des standards matériels et visibles : une carrière prospère, une famille idéale, un patrimoine solide, et parfois même la reconnaissance sociale et numérique à travers les réseaux sociaux. Une personne qui accomplit ces objectifs est facilement perçue comme ayant «réussi» aux yeux des hommes. Pourtant, cette définition de la réussite ne reflète pas toujours la réalité selon Dieu.

Dieu, bien qu'Il ne rejette pas la prospérité matérielle — car après tout, l'or et l'argent Lui appartiennent — ne limite pas la réussite à ces critères.

> Il est écrit dans *3 Jean 1 : 2* : *« Bien-aimé, je souhaite que tu prospères à tous égards et sois en bonne santé, ainsi que prospère l'état de ton âme. »*

Dieu désire nous voir prospérer à tous égard, émotionnellement, spirituellement, matériellement, financièrement. C'est sa volonté que nous soyons prospère. Par conséquent, réduire la réussite à une simple accumulation de biens matériels est une vue partielle et incomplète du plan de Dieu pour votre vie.

La vraie réussite ne se limite pas aux acquis matériels

Penser que réussir consiste uniquement à accumuler des biens ou à accomplir des objectifs humains conduit à une vision très limitée. Une fois ces objectifs atteints, que reste-t-il ? Est-ce que vous vous arrêtez là ? La réussite selon Dieu dépasse largement les possessions ou le statut social.

Prenons l'exemple de Jésus, qui est le modèle parfait de la réussite selon Dieu. Si l'on devait évaluer Sa vie selon les critères du monde, certains diraient qu'Il n'a pas «réussi». Il n'avait pas d'endroit où reposer sa tête, Il n'a pas eu d'enfants, et Son ministère n'a duré que trois ans. Pourtant, selon Dieu, Jésus a parfaitement accompli ce pourquoi il était venu : faire la volonté du Père et achever la mission qui Lui avait été confiée.

> Il a d'ailleurs affirmé en ***Jean 17 : 4*** : *« Je t'ai glorifié sur la terre, j'ai achevé l'œuvre que tu m'as donnée à faire »* Réussir selon Dieu signifie glorifier Dieu et achever ce qu'il nous a demandé de faire.

La réussite selon Dieu : Glorifier Dieu et faire sa volonté

La définition de la réussite selon Dieu découle directement du modèle parfait, Jésus-Christ, qui a dit dans ***Jean 17 : 4*** :

> *« Je t'ai glorifié sur la terre, j'ai achevé l'œuvre que tu m'as donnée à faire. »*

La réussite, selon Dieu, consiste d'abord à glorifier Dieu et ensuite à faire Sa volonté. En réalité, ces deux aspects sont interchangeables et indissociables : glorifier Dieu en faisant Sa volonté ou faire Sa volonté en Le glorifiant. Ce qui compte, c'est que dans tout ce que nous entreprenons, nous visons à Le glorifier et à accomplir ce qu'Il nous a demandé de faire.

Glorifier Dieu signifie non seulement faire ce qu'Il attend de nous, mais aussi faire les choses comme Il l'attend, selon Ses méthodes et Ses principes.

GLORIFIER DIEU EN ACCOMPLISSANT LES ŒUVRES QU'IL A PRÉVUES POUR NOUS AVANT LA FONDATION DU MONDE

> *« Car nous sommes son ouvrage, ayant été créés en Jésus-Christ pour de bonnes œuvres, que Dieu a préparées d'avance, afin que nous les pratiquions. »*
> ***Éphésiens 2 : 10***

Nous sommes l'ouvrage de Dieu, c'est-à-dire Son œuvre d'exécution, Son projet, Sa création. Dieu nous a créés avec un but précis : accomplir les bonnes œuvres qu'Il a prévues pour nous avant même notre arrivée sur terre. Bien-aimé, vous n'êtes pas sur terre par hasard ; vous êtes sur terre pour accomplir le mandat de Dieu pour vous. En découvrant et en accomplissant le but pour lequel Dieu vous a créé, vous Le glorifiez pleinement.

Marcher selon le modèle de Dieu

Lorsque vous comprenez cela, vous ne vivez plus par vous-même et selon vos pensées, mais vous vous efforcez de marcher selon le modèle de Dieu pour vous, c'est-à-dire selon Sa volonté à votre égard. Ce modèle nous est présenté parfaitement par Jésus, le Fils de Dieu. Lorsqu'Il était sur terre, regardons ensemble ce qu'Il dit dans le livre de Jean.

> ***Jean 5 : 19*** *: « En vérité, en vérité, je vous le dis, le Fils ne peut rien faire de lui-même ; il ne fait que ce qu'il voit faire au Père ; et tout ce que le Père fait, le Fils aussi le fait pareillement. »*

Dans ce passage, nous voyons que les actions de Jésus étaient directement alignées sur ce que le Père faisait. Il ne faisait rien de Sa propre initiative, mais reproduisait fidèlement ce qu'Il voyait le Père faire. En termes simples, on pourrait dire qu'Il faisait un copier-coller des actions du Père. Ainsi, chaque miracle accompli par Jésus était en effet une expression de la volonté du Père. Il guérissait les malades, parce qu'il voyait Dieu guérir les malades, il ressusciterait les morts, parce qu'il voyait Dieu ressusciter les morts.

Après avoir accompli parfaitement ce que le Père lui a confié il a dit : Je t'ai glorifié sur terre, et j'ai accompli la mission que tu m'as confiée.

Moïse et la construction du tabernacle selon le modèle de Dieu

Un autre exemple de ce principe se trouve dans la vie de Moïse, qui a construit le tabernacle en suivant précisément le modèle que Dieu lui avait donné. En ***Exode 25 : 9****,* Dieu dit à Moïse :

> *« Vous ferez le tabernacle et tous ses ustensiles d'après le modèle que je te montrerai. »*

Ce passage révèle que Moïse n'a pas simplement reçu une vague directive ; Dieu lui a donné des instructions extrêmement précises. Les détails comprenaient les dimensions exactes de chaque élément, de l'arche de l'alliance, à la table des pains de proposition, jusqu'au chandelier à sept branches. En plus de ces mesures spécifiques, Dieu a également précisé les matériaux de construction. Par exemple, l'arche devait être faite de bois d'acacia, recouverte d'or pur, et dotée d'anneaux d'or pour qu'elle puisse être transportée. Le chandelier devait être en or pur, avec des branches et des calices finement ciselés pour former des motifs de fleurs.

Dieu a également ordonné l'utilisation de certains tissus et couleurs. Les tentures du tabernacle devaient être faites de fin lin retors de couleur bleu, pourpre, et écarlate, tissées de manière complexe avec des motifs de chérubins. Les parois de l'enceinte extérieure devaient être constituées de peaux de béliers teintes en rouge et de cuir de dauphin, pour garantir durabilité et protection.

Ce niveau de précision montre à quel point Dieu accorde de l'importance à chaque aspect du modèle qu'Il révèle.

De la même manière, votre vie est constituée de multiples détails : les amis que vous devez avoir, les études que vous devez poursuivre, le travail que vous devez faire, les entreprises que vous êtes appelé à créer, les voyages à entreprendre, et bien d'autres accomplissements. Dieu s'intéresse à chacun de ces aspects, et il est même plus investi dans votre réussite que vous ne l'êtes vous-même.

Bien-aimé(e), vous devez prendre conscience que vous disposez d'un manuel de fonctionnement auprès de Dieu, un guide divin qui vous enseigne comment vivre et agir selon Sa volonté ici sur terre. Ce guide, Il nous le révèle dans Sa Parole. En plus de ce manuel, vous avez une fiche de mission unique, décrivant les œuvres spécifiques que vous êtes appelé(e) à accomplir.David était conscient de cela, voilà pourquoi il a dit :

> *« Quand je n'étais qu'une masse informe, tes yeux me voyaient ; et sur ton livre étaient tous inscrits les jours qui m'étaient destinés, avant qu'aucun d'eux n'existe. »* **Psaume 139 : 16**

Ce passage révèle que Dieu a un plan clair et précis pour chacun de nous. Réussir selon Lui, c'est découvrir ce plan et le réaliser avec fidélité. Ce «livre» divin contient toutes les actions, œuvres et réalisations que nous devons accomplir dans notre vie. Lorsque nous accomplissons ces œuvres avec un bon cœur et selon Ses méthodes, nous Le glorifions. Dieu a écrit dans ce «livre» chaque détail de notre mission sur terre, chaque acte et réalisation que nous devons manifester. David, conscient de cette réalité, s'est efforcé de vivre selon ce plan divin, cherchant à accomplir ce que Dieu attendait de lui. Cela explique pourquoi il est appelé « un homme selon le cœur de Dieu ».

FAIRE LES CHOSES SELON LES PRINCIPES ET LES LOIS DE DIEU

Glorifier Dieu et faire Sa volonté ne consiste pas simplement à accomplir des œuvres, mais à les réaliser de la bonne manière, avec les bonnes motivations, et en respectant Ses lois et principes inscrits dans Sa Parole. Parmi ces lois, nous trouvons : la loi de l'amour, la loi de l'humilité, la loi de la fidélité, la loi de la foi, la loi de la semence, la loi de la persévérance, et bien d'autres encore.

La loi de la semence enseigne, par exemple, qu'un homme moissonne ce qu'il sème. C'est aussi naturel que cela. Pour obtenir ce que vous désirez, il ne suffit pas de prier sans cesse ; il faut semer ce que l'on souhaite voir germer. Si vous semez l'amour, vous récolterez l'amour. Si vous semez la paix, vous récolterez la paix. De la même manière qu'un agriculteur récolte du maïs en plantant des graines de maïs, vous récolterez ce que vous semez.

Faire les choses selon les principes de Dieu signifie aussi les accomplir selon Sa méthode. Il ne s'agit pas de chercher des raccourcis ou de compromettre la vérité pour obtenir des résultats rapides, mais de faire ce qui est juste, même lorsque cela semble difficile. Par exemple, si vous vous trouvez dans une situation complexe où le mensonge semble être la solution, glorifier Dieu consiste à choisir la vérité, même si cela semble conduire à un échec. En agissant ainsi, vous choisissez d'obéir à Dieu et, ce faisant, vous Le glorifiez.

La Bible nous rappelle en *1 Samuel 15 : 22* :

> *« L'obéissance vaut mieux que les sacrifices, et l'observation de Sa parole vaut mieux que la graisse des béliers. »*

Cela signifie que ce qui plaît à Dieu n'est pas d'abord le sacrifice, mais notre obéissance. Ce n'est pas suffisant de simplement faire des choses pour Dieu ; nous devons faire ce qu'Il demande et de la manière qu'Il le demande. C'est ainsi que nous l'honorons véritablement et nous le glorifions.

Rechercher la réussite selon Dieu

Comme je l'ai mentionné précédemment, les pensées de l'homme ne sont pas les pensées de Dieu, et les voies de l'homme ne sont pas les voies de Dieu. Il est important d'en être conscient et d'aligner votre vie sur la pensée de Dieu. En voulant réussir, vous ne devez pas seulement chercher à obtenir des choses et à avoir un succès apparent, tels qu'un mariage heureux, une maison, un bon travail, ou de créer des entreprises et des sociétés. La vraie réussite implique de s'assurer que tout ce que vous entreprenez est en accord et en harmonie avec la volonté de Dieu pour votre vie et que les moyens, méthodes, et techniques que vous utilisez sont conformes aux recommandations de Sa parole. Lorsque vous agissez ainsi, vous recherchez une réussite selon Dieu, une réussite qui n'est pas seulement reconnue sur terre, mais qui est également comptabilisée au ciel parce que vos œuvres glorifient le Père. Comme Jésus l'a dit :

« Que votre lumière luise ainsi devant les hommes, afin qu'ils voient vos bonnes œuvres et qu'ils glorifient votre Père qui est dans les cieux » **Matthieu 5 : 16.**

En accomplissant de grandes choses selon Dieu, vous attirez les regards des hommes vers Lui, et Il est glorifié à travers vos actions. Les hommes, en voyant les œuvres accomplies à travers vous, glorifient Dieu, et votre vie devient un témoignage pour ceux qui ne le connaissent pas encore.

Ainsi, mes bien-aimé(e)s, ne recherchez pas uniquement la réussite, mais recherchez une réussite selon Dieu. Soyez convaincu(e) que Dieu est plus intéressé par votre réussite que vous ne l'êtes vous-même. Mais pour cela, vous devez agir selon sa pensée, en cherchant non seulement à atteindre des résultats, mais en vous assurant que ces résultats soient en accord avec Sa volonté.

Peu importe où vous vous trouvez aujourd'hui, sachez que le Seigneur peut vous relever et transformer vos échecs en victoire au nom de Jésus.

CHAPITRE 7

FAITES LE BON CHOIX

«Confie-toi en l'Éternel de tout ton cœur, et ne t'appuie pas sur ta propre intelligence. Reconnaît-le dans toutes tes voies, et il aplanira tes sentiers.»
Proverbes 3 : 5-6

Comme nous l'avons appris précédemment, une vie réussie ne se mesure pas simplement par le nombre de choses accomplies, les richesses accumulées ou les honneurs reçus. La réussite véritable est un équilibre entre glorifier Dieu et accomplir la mission qu'il vous a confiée.

Vous êtes maintenant face à un choix important :

Vous concentrer sur vos réalisations personnelles, amassant des trésors terrestres que la teigne, la rouille et les voleurs peuvent détruire ou dérober

Vous aligner sur la volonté de Dieu, en faisant les choses selon Sa pensée, Ses directives, et le but pour lequel Il vous a créé.

Posez-vous les bonnes questions

1. Qu'est-ce que Dieu attend de moi ?

____

____

____

____

2. Pourquoi Dieu m'a-t-il suscité sur cette terre ?

____

____

____

____

____

3.   Mes ambitions actuelles correspondent-elles à Ses plans pour ma vie ?

____

____

____

____

4.   Suis-je en train de faire ce qu'il attend de moi ?

____

____

____

____

____

____

____

____

LAISSE LE SAINT-ESPRIT TE PARLER

Alors que tu as lu ce livre jusqu'à cette partie, je crois vraiment que le Saint-Esprit a commencé à te parler. Ces pages blanches devant toi ne sont pas simplement des espaces vides. J'ai à cœur de te laisser passer un temps de méditation avec le Saint-Esprit. Laisse-Le te parler et t'éclairer. Prends ce moment comme un rendez-vous avec le Saint-Esprit. Je crois qu'Il aimerait te parler, t'éclairer sur ton passé, tes échecs, et surtout, sur le futur qu'Il a préparé pour toi.

Exercice d'introspection

Vos échecs passés :

Quels sont les échecs qui ont marqué votre parcours ?

____

____

____

____

____

____

____

____

____

Comment Dieu voit-Il ces échecs ? Y avait-il une leçon qu'Il voulait vous enseigner ?

____

____

____

____

____

____

Y a-t-il des situations où vous avez poursuivi vos propres désirs plutôt que Sa volonté ?

____

____

____

____

Les attentes de Dieu pour votre vie

Quels sont les domaines où Dieu vous appelle à un changement ?

____

____

____

____

____

____

Quelles sont les œuvres que vous pourriez accomplir pour glorifier son nom ?

____

____

____

____

Quel est le but divin qu'Il vous a révèlé par rapport à votre vie ?

____

____

____

____

____

____

____

____

____

____

____

____

Votre engagement futur : Notez une décision ou une prière que vous faites aujourd'hui pour aligner votre vie avec Sa volonté.

Méditation

Je vous invite à méditer sur ces versets bibliques :

« Ne vous amassez pas des trésors sur la terre, où la teigne et la rouille détruisent, et où les voleurs percent et dérobent; mais amassez-vous des trésors dans le ciel, où ni la teigne ni la rouille ne détruisent, et où les voleurs ne percent ni ne dérobent. Car là où est ton trésor, là aussi sera ton cœur. » **Matthieu 6 : 19-21**

« Je t'ai glorifié sur la terre, j'ai achevé l'œuvre que tu m'as donnée à faire. » **Jean 17 : 4**

« Car nous sommes son ouvrage, ayant été créés en Jésus-Christ pour de bonnes œuvres, que Dieu a préparées d'avance, afin que nous les pratiquions. » **Éphésiens 2 : 10**

« Et que servirait-il à un homme de gagner tout le monde, s'il perdait son âme ? Ou, que donnerait un homme en échange de son âme ? » **Matthieu 16 : 26**

PARTIE 4 :

SE RELEVER DE L'ÉCHEC

CHAPITRE 8

COMPRENDRE LES CAUSES ET LES TRAITER

«Le plus grand obstacle à la réussite n'est pas l'échec lui-même, mais notre refus de comprendre et de traiter les causes de cet échec.»

Anonyme

L'une des choses les plus déplorables dans la vie, c'est de vivre les mêmes événements de tragédie, de souffrance, et d'échec. Que ce soit un échec financier où l'on perd toujours de l'argent dans les investissements, des échecs relationnels en enchaînant les relations sans succès, ou encore des échecs scolaires ou professionnels, le constat est le même : on peut tout faire correctement de notre point de vue, mais aboutir encore et toujours aux mêmes résultats négatifs.

Quelqu'un a dit : « *Si vous continuez de faire ce que vous avez toujours fait, vous continuerez d'avoir ce que vous avez toujours eu.* » Cela signifie que les mêmes causes produisent les mêmes effets. À un certain moment, il est important de s'arrêter pour analyser sa vie et faire une introspection profonde, afin d'identifier les causes qui sont à l'origine des échecs rencontrés.

Dans le premier chapitre de ce livre, nous avons identifié sept causes majeures qui sont à l'origine des échecs.

Lorsqu'une personne ignore la véritable origine de ses échecs, elle continuera d'avoir les mêmes résultats et de répéter les mêmes expériences, perpétuant ainsi un cycle d'échecs. Cela ressemble à un cycle d'éternel recommencement.

Nous pouvons prendre l'exemple d'une personne qui répète une classe ou un examen trois ou quatre fois, malgré son intelligence. Pendant les devoirs ou examens de classe, elle obtient de bonnes notes. Mais au moment des examens officiels, elle semble perdre ses moyens. Et parfois, c'est même elle qui aide les autres à comprendre, et ses collègues eux-mêmes sont désolés de la voir échouer. En vérité, si la cause de son problème est spirituelle, comme un blocage spirituel, et qu'elle ne met l'accent que sur une meilleure organisation, une préparation assidue, ou encore une discipline renforcée, elle continuera d'échouer. Cette personne doit associer une prière fervente et efficace pour briser les chaînes d'échec qui pèsent sur sa vie.

> *« Confessez donc vos péchés les uns aux autres, et priez les uns pour les autres, afin que vous soyez guéris. La prière fervente du juste a une grande efficace. »* **Jacques 5 : 16**

Ce principe s'applique également à d'autres domaines. Par exemple, une personne qui désire se marier pourrait passer tout son temps à prier contre les esprits de célibat, mais négliger complètement des aspects pratiques de sa vie. Si elle ne prend pas soin de son corps, si elle a un caractère difficile qui repousse les prétendants, ou si elle parle mal des autres, elle continuera de rencontrer des obstacles. Tant qu'elle ne prendra pas conscience de ces causes et ne travaillera pas dessus, elle n'obtiendra pas les résultats escomptés.

Dès que l'on identifie clairement la cause de son échec, on peut commencer à la traiter et transformer ces échecs en réussites. Il est donc nécessaire de comprendre les raisons profondes des échecs auxquels nous faisons face, afin d'apporter des solutions adaptées et d'avancer vers le succès.

POURQUOI IDENTIFIER LES CAUSES ?

On peut bien se poser la question, mais pourquoi est-il réellement important, nécessaire, fondamental, voire indispensable d'identifier les causes qui sont à l'origine des échecs ?

1. Éviter la répétition des mêmes erreurs

Lorsque vous n'identifiez pas les causes de vos échecs, vous serez enclin à répéter les mêmes erreurs, à revivre les mêmes cycles d'éternel recommencement, les mêmes expériences traumatisantes et négatives. Cependant, une fois que vous comprenez les causes et que vous agissez dessus, vous changez non seulement les événements, mais aussi les circonstances dans votre vie.

2. Identifier les schémas récurrents

Analyser les causes permet de détecter les schémas qui se répètent dans votre vie. Ces schémas peuvent révéler comment et pourquoi certaines situations se produisent fréquemment. Une fois identifiés, vous pouvez briser ces cycles en changeant vos actions et vos comportements, ce qui mènera à des résultats différents.

3. Améliorer les stratégies et les méthodes

Remettre en question vos stratégies ou méthodes actuelles est essentiel. Cela vous pousse à adopter des approches plus efficaces et adaptées à votre situation.

4. Transformer les échecs en succès

En comprenant la cause d'un problème, vous avez la capacité d'agir spécifiquement pour résoudre ce problème et ainsi transformer un échec en une réussite. Cela vous évite d'être dispersé, et de localiser le problème spécifique que vous avez.

COMMENT IDENTIFIER LES CAUSES DES ÉCHECS ?

1. Faire appel au Saint-Esprit

> *« Le Saint-Esprit que le Père enverra en mon nom, vous enseignera toutes choses et vous rappellera tout ce que je vous ai dit »* **Jean 14 : 26.**

En développant une relation profonde avec le Saint-Esprit, il vous révélera les choses cachées et vous éclairera sur les véritables origines de vos échecs. Qu'ils soient d'ordre spirituel, organisationnel ou relationnel, le Saint-Esprit est capable de tout révéler. (Cette partie sera développée dans le prochain chapitre)

2. Être ouvert aux retours des autres

Souvent, des proches, des amis ou des mentors perçoivent les causes de nos problèmes mieux que nous. Demandez à des personnes de confiance ce qu'elles pensent de votre situation. Soyez prêt à accepter leurs remarques, même si elles peuvent sembler difficiles à entendre.

3. Consulter vos autorités spirituelles ou familiales

Les parents biologiques, les leaders spirituels ou des amis sages peuvent avoir un discernement sur des aspects que vous ignorez ou minimisez.

4. Poser les bonnes questions : la méthode des « 5 Pourquoi »

Pour aller à la racine d'un problème, posez-vous plusieurs fois la question « Pourquoi ? ». Chaque réponse vous conduit à une cause plus profonde.

Par exemple :

Pourquoi est-ce que je vis un échec scolaire ? *Parce que je ne suis pas bien organisé.*

Pourquoi est-ce que je ne suis pas bien organisé ? *Parce que je suis éparpillé.*

Pourquoi est-ce que je suis éparpillé ? *Parce que je fais trop de choses à la fois.*

Pourquoi est-ce que je fais trop de choses à la fois ? *Parce que je n'ai pas de priorités claires.*

Pourquoi n'ai-je pas de priorités claires ? *Parce que je ne planifie pas mes journées.*

Arrivé à la dernière cause, mettez en place une action corrective pour traiter le problème à sa racine.

Arrivé à la dernière cause, mettez en place une action corrective, c'est-à-dire prenez le temps de vous battre afin de mieux vous organiser. Étant donné que la cause de votre échec scolaire est le fait de ne pas planifier vos journées, vous ne l'aviez pas identifié clairement. Vous voyez que vous êtes éparpillé, mais vous n'aviez pas pris conscience que cela venait du fait que vous faites trop de choses à la fois, que vous n'avez pas de priorités claires et que vous ne planifiez pas vos journées.

Décidez alors de planifier vos journées, vos semaines, vos mois, et vous verrez comment les choses deviendront beaucoup plus simples. Vous serez en mesure d'anticiper les périodes d'examens, les moments où vous aurez besoin de vous détendre et les périodes de concentration intense.

Cependant, si vous mélangez tout et continuez à avoir un problème d'organisation, les résultats resteront les mêmes. En revanche, si vous décidez de mettre en place une action corrective au niveau de la cause principale, ici l'absence de planification ou une mauvaise planification, vous constaterez que vos résultats changeront progressivement.

COMMENT TRAITER EFFICACEMENT LES CAUSES D'ÉCHECS ?

Tous les échecs ne se ressemblent pas et n'ont pas les mêmes causes. Certains échecs sont causés par nos propres erreurs, d'autres sont permis par Dieu pour nous enseigner, et d'autres encore sont des influences de l'ennemi ou proviennent de notre lignée familiale. Dans tous les cas, le Saint-Esprit, qui connaît toutes choses, est capable de vous révéler la cause de l'échec que vous traversez actuellement et vous accompagner pour comprendre et mettre en place les actions nécessaires.

1. CAUSES LIÉES À LA DÉSOBÉISSANCE DE LA VOLONTÉ DE DIEU ET AU PÉCHÉ

Vous savez que Dieu vous a appelé à une mission précise (par exemple, servir dans un ministère ou suivre un chemin spécifique), mais vous avez refusé ou négligé cet appel.

- **Repentez-vous avec sincérité devant Dieu**

Reconnaissez votre désobéissance et demandez pardon avec un cœur sincère. La repentance authentique est la clé pour restaurer votre relation avec Dieu.

> *« Si nous confessons nos péchés, il est fidèle et juste pour nous les pardonner et pour nous purifier de toute iniquité. »* **1 Jean 1 : 9**

- **Demandez la grâce de revenir sur le chemin tracé par Dieu**
Implorons la miséricorde de Dieu afin qu'Il vous guide à nouveau dans la direction qu'Il a prévue pour votre vie. Faites confiance à Sa puissance pour vous redresser et vous fortifier dans l'obéissance.

- **Prenez une décision ferme de vous aligner sur Sa volonté**
Engagez-vous à suivre les instructions divines, même si elles semblent difficiles ou contraires à vos plans. Rappelez-vous que l'obéissance à Dieu conduit à Sa bénédiction et à l'accomplissement de Ses projets parfaits pour vous.

> *« Les projets de l'Éternel subsistent à toujours, et les desseins de son cœur, de génération en génération. »* **Psaume 33 : 11**

- **Suivez l'exemple de Jonas**

Comme Jonas, fuir l'appel de Dieu ne mène qu'à des complications inutiles. Lorsqu'il s'est repenti et obéi, il a vu l'accomplissement du plan divin à Ninive. Ne résistez pas à Dieu, car c'est un combat vain.

> *« Nul ne peut s'opposer à l'Éternel. »* **2 Chroniques 13 : 12**

> *« Je sais que tu peux tout, et que rien ne s'oppose à tes pensées. »* **Job 42 : 2**

La désobéissance à Dieu conduit souvent à des échecs, mais Sa grâce est suffisante pour vous restaurer si vous revenez à Lui avec un cœur repentant. Décidez aujourd'hui d'abandonner vos résistances et de marcher dans l'obéissance à Ses directives, car Ses plans sont toujours pour votre bien et Sa gloire.

Causes liées au péché

Lorsque vous continuez de pratiquer une vie de péché que le Saint-Esprit vous a déjà pointée du doigt comme le mensonges et tromperies, tricheries et magouille comportements immoraux (fornication, masturbation, pornographie, adultère…, vie de duplicité, toute pratique que votre conscience condamne)

- **Confessez vos péchés à Dieu et détournez-vous d'eux**

Reconnaissez vos péchés devant Dieu et décidez de les abandonner. La confession ouvre la porte à la miséricorde divine et à la restauration spirituelle.

> *« Celui qui cache ses transgressions ne prospérera point, mais celui qui les avoue et les délaisse obtient miséricorde. »* **Proverbes 28 : 13**

- **Engagez-vous à vivre dans la sainteté**
Faites de la sainteté un objectif dans votre vie, en vous appuyant sur la puissance du Saint-Esprit pour surmonter vos faiblesses et vos tentations. Rappelez-vous que Dieu vous appelle à vivre selon Ses standards.

> *« Vous serez saints, car je suis saint. »* **1 Pierre 1 : 16**

- **Soyez intentionnel dans l'élimination des influences négatives**

Identifiez les personnes, les habitudes ou les environnements qui vous entraînent dans des comportements contraires à la volonté de Dieu. Prenez des mesures claires pour vous en éloigner et remplacez-les par des influences qui nourrissent votre foi et votre caractère.

> « Ne vous y trompez pas : les mauvaises compagnies corrompent les bonnes mœurs. » *1 Corinthiens 15 : 33*

- **Suivez l'exemple de David**

Lorsque David a commis un péché grave avec Bath-Shéba, il s'est repenti avec sincérité et profondeur. Sa prière dans le Psaume 51 est un modèle de contrition et de recherche de la restauration divine.

> *« Ô Dieu ! crée en moi un cœur pur, renouvelle en moi un esprit bien disposé. » Psaume 51 : 10*

En confessant vos péchés, en vous éloignant des influences nocives et en adoptant une vie de sainteté avec l'aide du Saint-Esprit, vous ouvrez la voie à la transformation et à la restauration. Prenez l'exemple de David pour cultiver un cœur repentant et retrouver la paix avec Dieu.

2. CAUSES LIÉES AU FAIT DE NE PAS CONSULTER DIEU

Vous vivez des échecs qui sont liés au fait de ne pas avoir consulté Dieu ni cherché Sa direction divine. Et vous vous êtes rendu compte que vous avez pris des décisions précipitées, vous avez fait des choix basés uniquement sur la logique humaine et avez emprunté une voie sans la confirmation du Saint-Esprit.

- **Demandez pardon à Dieu**

Reconnaissez devant Lui que vous avez suivi un chemin qui n'a pas été tracé par Sa volonté. Implorez Sa miséricorde pour votre désobéissance et demandez-Lui de vous ramener sur le chemin qu'Il a préparé pour vous.

> *« Si nous confessons nos péchés, il est fidèle et juste pour nous les pardonner et pour nous purifier de toute iniquité. »* ***1 Jean 1 : 9***

- **Intégrez Dieu dans tout ce que vous faites**

Prenez l'engagement de chercher à connaître la volonté de Dieu avant de prendre toute décision ou de suivre un chemin. Cela signifie Lui confier chaque aspect de votre vie et attendre Ses directives.

> *« Confie-toi en l'Éternel de tout ton cœur, et ne t'appuie pas sur ton intelligence ; reconnais-le dans toutes tes voies, et il aplanira tes sentiers. »* ***Proverbes 3 : 5-6***

- **Priez spécifiquement avant chaque prise de décision**

Cultivez une vie de prière où vous demandez à Dieu de vous guider dans chaque étape de votre vie. Prenez le temps de poser vos projets devant Lui et attendez Sa réponse.

> *« Recommande ton sort à l'Éternel, mets en lui ta confiance, et il agira. »* **Psaume 37 : 5**

- **Apprenez à écouter la voix du Saint-Esprit**

Développez une intimité avec Dieu pour discerner Sa volonté. Soyez sensible à la direction qu'Il donne, que ce soit par Sa Parole, par des songes ou par un conseil spirituel.

> *« Mes brebis entendent ma voix ; je les connais, et elles me suivent. »* **Jean 10 : 27**

Suivez l'exemple de David

Inspirez-vous de l'attitude de David, qui consultait toujours Dieu avant d'agir. Cette habitude de chercher la volonté divine lui garantissait le succès.

> *« David consulta l'Éternel, en disant : Dois-je poursuivre cette troupe ? L'atteindrai-je ? Et l'Éternel lui répondit : Poursuis, car tu atteindras et tu délivreras. »* **1 Samuel 30 : 8**

Lorsque vous prenez la décision d'intégrer Dieu dans tous les aspects de votre vie et de marcher selon Sa volonté, Il vous conduira sur un chemin d'accomplissement et de paix. Faites de Lui votre guide principal, et Il transformera vos échecs passés en victoires.

3. CAUSES LIÉES AU MANQUE DE VISION ET DE PLANIFICATION

Demandez à Dieu de vous révéler votre vision Implorons Dieu dans la prière pour qu'Il vous montre les plans spécifiques qu'Il a pour votre vie.

> *« Écris la vision, grave-la sur des tables, afin qu'on la lise couramment. Car c'est une vision encore pour un temps déterminé, elle parle de la fin, et ne mentira pas ; si elle tarde, attends-la, car elle s'accomplira, elle s'accomplira certainement. »*
> **Habacuc 2 : 2-3**

- **Prenez le temps de réfléchir à vos aspirations**

Passez un moment en introspection pour identifier vos passions, vos dons et vos désirs. Ces réflexions vous aideront à mieux comprendre ce que vous voulez atteindre dans votre vie personnelle et professionnelle.

- **Rédigez un plan d'action détaillé**

Documentez vos objectifs et les étapes nécessaires pour les atteindre. Un plan structuré est une boussole pour vous garder concentré sur ce qui est important.

> *« Les projets de l'homme actif ne conduisent qu'à l'abondance, mais celui qui agit avec précipitation tombe dans la disette. »* **Proverbes 21 : 5**

Divisez vos projets en étapes mesurables

Démarrez avec des objectifs spécifiques et atteignables. Décomposez vos projets en étapes claires, fixez des délais réalistes, et engagez-vous à les respecter. Cela vous permettra d'avancer de manière constante.

4. CAUSES LIÉES AU MANQUE D'ORGANISATION ET DE PRÉPARATION

Vous manquez de discipline, d'informations ou d'efforts pour atteindre vos objectifs.

- **Organisez votre emploi du temps et hiérarchisez vos priorités**

Structurez vos journées pour maximiser votre productivité. Classez vos tâches par ordre d'importance et concentrez-vous d'abord sur celles qui ont le plus grand impact.

> *« Mais que tout se fasse avec bienséance et avec ordre. »* ***1 Corinthiens 14 : 40***

- **Rassemblez les informations nécessaires**

Investissez du temps pour rechercher les connaissances et les outils indispensables à la réussite de vos projets. Une préparation adéquate réduit les erreurs et augmente vos possibilités de succès.

> *« Le cœur intelligent cherche la science, mais la bouche des insensés se plaît à la folie. »* ***Proverbes 15 : 14***

- **Engagez-vous dans une discipline quotidienne**

Adoptez des habitudes régulières qui vous rapprochent de vos objectifs. Cela peut inclure de la formation, des pratiques spécifiques ou des moments de réflexion personnelle.

> « Celui qui veille sur ce qu'il fait jouira de l'abondance, mais celui qui poursuit des chimères est dans le besoin. » ***Proverbes 28 : 19***

Exemple concret : Préparation pour un entretien d'embauche

Recherchez des informations sur l'entreprise : ses valeurs, sa mission, ses produits ou services.

Préparez des réponses aux questions fréquemment posées.

Entraînez-vous à expliquer comment vos compétences correspondent aux besoins de l'entreprise.

> *« Les projets de l'homme diligent mènent à l'abondance, mais celui qui agit avec précipitation manque tout. »* ***Proverbes 21 : 5***

Le manque de discipline, d'informations ou d'efforts peut être surmonté par une planification rigoureuse, un apprentissage continu et une action intentionnelle. Soyez proactif, restez discipliné, et laissez votre engagement quotidien témoigner de votre désir de voir vos objectifs se réaliser avec l'aide de Dieu.

5. CAUSES LIÉES À LA MENTALITÉ D'ÉCHEC (PAR EXEMPLE LE MANQUE DE PERSÉVÉRANCE, LA PROCRASTINATION LA PEUR...)

Vous abandonnez facilement ou reportez constamment les tâches importantes.

- **Adoptez la discipline de commencer par des tâches simples**

Faites le premier pas en commençant par des tâches faciles ou accessibles. Cela brise l'inertie et vous motive à poursuivre les tâches plus complexes.

> *« Celui qui est fidèle dans les petites choses l'est aussi dans les grandes. » **Luc 16 : 10***

- **Appliquez la règle des 10 minutes**

Engagez-vous à travailler sur une tâche pendant seulement 10 minutes. Souvent, une fois commencé, vous serez poussé à continuer bien au-delà de ce temps.

- **Fixez des objectifs à court terme**

Divisez vos grandes aspirations en petits objectifs mesurables et atteignables. Chaque étape accomplie, vous motivera à persévérer.

> *« La fin d'une chose vaut mieux que son commencement ; mieux vaut un esprit patient qu'un esprit hautain. » **Ecclésiaste 7 : 8***

- **Méditez sur des versets encourageant la persévérance**

Nourrissez votre esprit de la Parole de Dieu pour rester ferme dans votre parcours :

> *« Ne nous lassons pas de faire le bien ; car nous moissonnerons au temps convenable, si nous ne nous relâchons pas. »* ***Galates 6 : 9***

> *« Mais celui qui persévérera jusqu'à la fin sera sauvé. »* ***Matthieu 24 : 13***

Le manque de persévérance et la procrastination peuvent être surmontés en développant des habitudes simples, en fixant des objectifs réalistes et en restant focalisé. C'est vrai que ce n'est pas simple. Même si vous tombez, relevez vous, vous allez y arriver par la grâce de Dieu.

Si par exemple vous avez peur d'échouer

Vous hésitez à entreprendre de nouvelles choses par crainte de ne pas réussir.

- **Confrontez votre peur en agissant à l'opposé de ce qu'elle vous dicte**

La peur a pour objectif de vous paralyser, de vous empêcher de progresser et d'avancer. Pour briser son influence, décidez intentionnellement de faire le contraire de ce qu'elle vous demande. Si la peur vous dit de fuir, restez ferme. Si elle vous dit de ne pas essayer, lancez-vous. L'action est l'arme la plus puissante contre la peur.

> *« Car ce n'est pas un esprit de timidité que Dieu nous a donné, mais un esprit de force, d'amour et de sagesse. »* **2 Timothée 1 : 7**

Méditez sur des versets pour apprendre à faire d'avantage confiance en Dieu

Prenez l'habitude de vous nourrir de la Parole de Dieu utile pour votre croissance et qui vous aidera à triompher de la peur

> *« L'Éternel est ma lumière et mon salut : de qui aurais-je peur ? L'Éternel est le soutien de ma vie : de qui aurais-je crainte ? »* **Psaume 27 : 1**

> *« Sois fort et prends courage, ne crains point et ne t'effraie point, car l'Éternel, ton Dieu, est avec toi dans tout ce que tu entreprendras. »* **Josué 1 : 9**

> *« Je cherche l'Éternel, et il me répond ; il me délivre de toutes mes frayeurs. »* **Psaume 34 : 4**

- **Faites confiance à Dieu pour votre avenir**

Rappelez-vous que votre vie est entre les mains de Dieu et que rien ne peut arriver sans Sa permission. Prenez des décisions tout en étant conscient qu'il est avec vous.

> *« Car je connais les projets que j'ai formés sur vous, dit l'Éternel, projets de paix et non de malheur, afin de vous donner un avenir et de l'espérance. »* **Jérémie 29 : 11**

La peur de l'échec peut vous retenir de vivre pleinement le plan de Dieu pour votre vie. Confrontez-la avec audace, en agissant avec foi et en vous appuyant sur la Parole de Dieu.

6. CAUSES LIÉES AU MANQUE DE CONNAISSANCE DE SOI

Vous ignorez vos forces, vos faiblesses, les grâces que Dieu vous a donné, votre tempérament et comment il vous appelle à opérer.

• Faites une introspection guidée par le Saint-Esprit

Prenez du temps dans la prière et la méditation pour demander à Dieu de vous révéler votre véritable identité et vos dons. Rappelez-vous que Dieu, par Son Esprit, vous connaît mieux que vous-même.

> *« Lequel des hommes, en effet, connaît les choses de l'homme, si ce n'est l'esprit de l'homme qui est en lui ? De même, personne ne connaît les choses de Dieu, si ce n'est l'Esprit de Dieu. »*
> ***1 Corinthiens 2 : 11***

• Écoutez ce que disent les autres à votre sujet

Parfois, les personnes autour de vous peuvent remarquer des talents ou des capacités que vous ne voyez pas encore. Soyez attentif aux encouragements ou aux compliments récurrents, car ils peuvent indiquer vos points forts.

> *« De même que le visage répond au visage dans l'eau, ainsi le cœur de l'homme répond au cœur de l'homme. »* ***Proverbes 27 : 19***

Identifiez vos forces et vos talents naturels

Prenez un moment pour réfléchir à votre parcours. Quelles expériences vous ont procuré le plus de joie ? Quelles activités vous viennent naturellement et sans effort ? Demandez au Saint-Esprit de vous guider dans cette introspection pour révéler les dons que Dieu a placés en vous.

- **Identifiez les choses qui vous passionnent**

Dieu vous a doté de talents uniques qui peuvent se manifester dans des domaines variés. Voici quelques exemples :

  - Le conseil et l'accompagnement
  - La cuisine et l'art culinaire
  - La décoration et le design
  - L'art oratoire et la communication
  - L'encouragement et le soutien
  - Le dessin et les arts visuels
  - L'informatique et la technologie
  - L'enseignement et la formation
  - L'écriture et la rédaction
  - La musique et le chant
  - L'organisation et la planification
  - Le leadership et la direction
  - Ces passions peuvent indiquer la vocation que Dieu vous appelle à exercer.

*« À chacun de nous, la grâce a été donnée selon la mesure du don de Christ. » **Éphésiens 4 : 7***

- **Analysez vos expériences**
  Regardez en arrière pour identifier les domaines où vous

excellez naturellement :

- Les activités que vous réalisez facilement et avec plaisir.
- Les tâches pour lesquelles les autres sollicitent souvent votre aide.
- Les compétences que vous avez développées avec le temps.

Exemple de Joseph

Joseph avait un don naturel pour interpréter les rêves, un talent remarqué dès son jeune âge. Ce don l'a conduit à devenir une figure clé en Égypte, sauvant des nations de la famine. Son introspection et sa relation avec Dieu lui ont permis de comprendre son rôle unique.

> *« Dieu donnera une réponse favorable à Pharaon. »* ***Genèse 41 : 16***

En identifiant vos passions, vos talents et vos expériences sous la conduite du Saint-Esprit, vous découvrirez la vocation divine qui est en vous. Engagez-vous avec diligence dans les domaines où Dieu vous appelle, pour Sa gloire et l'accomplissement de votre destinée.

7. CAUSES LIÉES À UNE INFLUENCE SPIRITUELLE OU FAMILIALE

Vous remarquez des schémas récurrents d'échec dans votre famille ou votre lignée.

- **Identifiez les pratiques spirituelles nuisibles à la lumière de la Parole de Dieu**

Examinez votre vie et votre lignée familiale pour déceler des pratiques qui ne glorifient pas Dieu, comme l'idolâtrie, les malédictions générationnelles, ou toute autre activité spirituelle contraire à la volonté divine. Reconnaissez ces influences et confessez-les devant Dieu avec sincérité.

> *« Tu ne te prosterneras point devant elles, et tu ne les serviras point ; car moi, l'Éternel, ton Dieu, je suis un Dieu jaloux, qui punis l'iniquité des pères sur les enfants jusqu'à la troisième et la quatrième génération de ceux qui me haïssent. »*
> ***Exode 20 : 5-6***

- **Priez pour une délivrance totale**

Priez avec foi et autorité pour annuler l'influence de ces pratiques spirituelles nuisibles. Faites des prières ferventes, en proclamant votre délivrance par le sang de Jésus-Christ.

> *« Christ nous a rachetés de la malédiction de la loi, étant devenu malédiction pour nous ; car il est écrit : Maudit est quiconque est pendu au bois. »*
> ***Galates 3 : 13***

- **Exemple de Points de prière pour briser les échecs liés aux influences sataniques et familiales**

Je proclame que je ne suis plus né de la chair ni du sang, mais je suis né de Dieu par le Saint-Esprit, au nom puissant de Jésus.

> *« À ceux qui l'ont reçue, à ceux qui croient en son nom, elle a donné le pouvoir de devenir enfants de Dieu, lesquels sont nés, non du sang, ni de la*

volonté de la chair, ni de la volonté de l'homme, mais de Dieu. » **Jean 1 : 12-13**

Je déclare que mon esprit est né de nouveau et vivra pleinement la volonté de Dieu, au nom de Jésus.

« Si quelqu'un est en Christ, il est une nouvelle créature. Les choses anciennes sont passées ; voici, toutes choses sont devenues nouvelles. » **2 Corinthiens 5 : 17**

Je brise tout cycle d'échec chronique qui a régné dans ma vie ou dans ma famille, au nom puissant de Jésus.

« Christ nous a rachetés de la malédiction de la loi, étant devenu malédiction pour nous. » **Galates 3 : 13**

Je brise tout cycle d'éternel recommencement qui s'est enraciné dans ma lignée paternelle ou maternelle, au nom de Jésus.

Je coupe tout lien spirituel ou toute influence démoniaque provenant de ma lignée familiale, que ce soit du côté de mon père ou de ma mère, au nom puissant de Jésus.

Je proclame que les malédictions générationnelles d'échec ne peuvent plus opérer dans ma vie, car je suis couvert par le sang de Jésus, au nom de Jésus.

« Ils l'ont vaincu à cause du sang de l'Agneau et à cause de la parole de leur témoignage. » **Apocalypse 12 : 11**

Je rejette et détruis tout esprit d'échec transmis par mes ancêtres ou ma lignée familiale, au nom puissant de Jésus.

J'annule toute parole, toute incantation ou tout accord maléfique prononcé contre ma vie ou mon avenir, au nom de Jésus.

> *« Toute arme forgée contre toi sera sans effet. »*
> ***Ésaïe 54 : 17***

Je proclame que tout cycle d'échec académique, professionnel, relationnel ou financier dans ma famille s'arrête aujourd'hui, au nom de Jésus.

Je me déclare libre de toute emprise des puissances sataniques qui œuvrent dans ma lignée familiale, au nom puissant de Jésus.

Je refuse de reproduire les échecs de mon père ou de ma mère. Je marche dans la lumière et la victoire que Christ m'a données, au nom de Jésus.

Je brise tout esprit d'échec collectif qui agit dans ma famille, dans ma maison, ou dans ma communauté, au nom puissant de Jésus.

Je proclame que ma destinée est ancrée dans la volonté de Dieu et que l'échec ne régnera plus dans ma vie, au nom de Jésus.

Je suis un enfant de Dieu, et je déclare que je suis destiné à la réussite et non à l'échec, au nom de Jésus.

> *« Car je connais les projets que j'ai formés sur vous, dit l'Éternel, projets de paix et non de malheur, afin de vous donner un avenir et de l'espérance. »*
> ***Jérémie 29 : 11***

Je déclare que je suis couvert par le sang de Jésus et que tout esprit d'échec est détruit dans ma vie, au nom de Jésus.

Je brise tout héritage d'échec ou de limitation transmis par mes parents ou mes ancêtres, au nom puissant de Jésus.

Je proclame que ma vie est alignée sur le plan de Dieu, et je prospérerai dans tout ce que je ferai, au nom de Jésus.

> *« Béni soit l'homme qui se confie en l'Éternel, et dont l'Éternel est l'assurance ! »* **Jérémie 17 : 7**

Je rends inefficaces toutes les stratégies de l'ennemi contre ma vie et mes projets, au nom de Jésus.

Je déclare que je vis sous une nouvelle alliance en Christ, où l'échec n'a plus de pouvoir sur moi, au nom de Jésus.

> *« Ainsi donc, il n'y a maintenant aucune condamnation pour ceux qui sont en Jésus-Christ. »* **Romains 8 : 1**

Je proclame que l'échec ne fera plus partie de mon vocabulaire, car Dieu m'a donné la victoire dans tous les domaines de ma vie, au nom de Jésus.

Engagez-vous dans une vie de prière constante et de consécration. Développez une vie de prière régulière pour maintenir votre liberté spirituelle. Consacrez-vous entièrement à Dieu en recherchant Sa présence, en méditant Sa Parole et en vivant selon Ses principes.

« Soyez sobres, veillez. Votre adversaire, le diable, rôde comme un lion rugissant, cherchant qui il dévorera. Résistez-lui avec une foi ferme. » ***1 Pierre 5 : 8-9***

« Approchez-vous de Dieu, et il s'approchera de vous. Nettoyez vos mains, pécheurs ; purifiez vos cœurs, hommes irrésolus. » ***Jacques 4 : 8***

- **Faites des déclarations d'autorité spirituelle**

Déclarez que vous appartenez à Christ et que toute autorité spirituelle négative est annulée dans votre vie.

« Si donc le Fils vous affranchit, vous serez réellement libres. » ***Jean 8 : 36***

« Voici, je vous ai donné le pouvoir de marcher sur les serpents et les scorpions, et sur toute la puissance de l'ennemi ; et rien ne pourra vous nuire. » ***Luc 10 : 19***

« Gédéon prit dix hommes parmi ses serviteurs, et fit ce que l'Éternel avait dit. » ***Juges 6 : 25-27***

Les influences spirituelles nuisibles peuvent entraver la destinée que Dieu a pour vous. Identifiez-les, confessez-les devant Dieu, priez avec autorité pour les briser, et engagez-vous dans une vie de consécration.

CHAPITRE 9

FAITES CONFIANCE AU SAINT-ESPRIT

«Toutes les personnes qui se sont confiées en Dieu ont toujours rencontré des victoires. Et Dieu n'est pas insensé pour inaugurer l'échec par toi. Fais confiance au Saint-Esprit.»

Anonyme

Le Saint-Esprit est cet avantage que nous avons reçu de Jésus, il est le cadeau que Jésus-Christ nous a laissé avant de retourner au Père. Jésus a déclaré :

> *«Il est avantageux pour vous que je m'en aille, car si je ne m'en vais pas, le Consolateur ne viendra pas ; mais si je m'en vais, je vous l'enverrai »* **Jean 16 : 7.**

Le Saint-Esprit, appelé aussi l'Esprit de vérité, vous a été envoyé pour vous guider dans toute la vérité : la vérité sur la volonté de Dieu, sur ce que le Seigneur attend de vous, et sur votre destinée. Le Saint-Esprit révèle les choses cachées

La Bible dit dans ***Jérémie 33 : 3 :***

> *« Invoque-moi et je te répondrai, je t'annoncerai de grandes choses, des choses cachées que tu ne connais pas. »*

Vous devez apprendre à faire confiance au Saint-Esprit et le laisser vous guider et vous conduire. Le Saint-Esprit est capable de vous révéler les choses que vous ignorez, les causes profondes de vos échecs, les solutions divines aux situations que vous traversez. Ne promenez plus des regards inquiets, vous n'êtes pas seul(e), il est avec vous, il vous connaît parfaitement et est bien engagé(e) pour faire de votre vie son chef d'œuvre.

Le Saint-Esprit est votre guide, votre GPS qui vous conduit sur le bon chemin. Faites lui confiance, votre vie ne sera pas un naufrage, vous ne terminerez pas dans l'embarra, dans la confusion, dans la disgrâce. Vous ne terminerez pas dans le ravin. Il tient dans Sa main votre vie et le parcours de votre lendemain, de votre histoire, de votre témoignage. Il est capable de vous montrer la voie, même lorsque vous êtes dans l'incertitude. La Bible dit :

> *« Tes oreilles entendront derrière toi la voix qui dira : Voici le chemin, marchez-y ! »* ***Ésaïe 30 : 21***

> *« Je ferai marcher les aveugles sur un chemin qu'ils ne connaissent pas ; je les dirigerai sur des sentiers qu'ils ignorent. Je changerai devant eux les ténèbres en lumière et les endroits tortueux en plaine. »* ***Ésaïe 42 : 16.***

Lorsque vous laissez le Saint-Esprit vous diriger, Il rend votre chemin droit, Il transforme les obstacles en opportunités, et éclaire les zones sombres de votre vie.

RECOMMANDEZ VOS PROJETS AU SEIGNEUR

Ne faites plus rien sans le recommander à Dieu, lorsque vous recommandez votre vie et vos activités à Dieu. Vous l'invitez à prendre le contrôle, à prendre les reines, c'est-à-dire, à prendre les commandes de tout. La Parole de Dieu nous encourage à recommander à Dieu nos œuvres pour que nos projets réussissent.

> *« Recommandez à l'Éternel vos œuvres, et vos projets réussiront. »* ***Proverbes 16 : 3.***

Ne vous appuyez pas sur votre propre sagesse. Le Saint-Esprit est là pour vous conseiller, vous instruire et vous conduire :

> *« Confiez-vous en l'Éternel de tout votre cœur et ne vous appuyez pas sur votre propre intelligence. Reconnaissez-le dans toutes vos voies, et il aplanira vos sentiers. »* ***Proverbes 3 : 5-6.***

LE SAINT-ESPRIT VOUS REND SAGE ET INTELLIGENT

Le Saint-Esprit vous rend sage et intelligent. Il est l'Esprit de sagesse et d'intelligence. Si vous estimez ne pas être suffisamment sage ou intelligent, si vous sentez que vous prenez souvent des décisions erronées, demandez au Saint-Esprit de vous remplir de sa sagesse et de son intelligence. Il est écrit dans *Jacques 1 : 5* :

> *« Si quelqu'un d'entre vous manque de sagesse, qu'il la demande à Dieu, qui donne à tous simplement et sans reproche, et elle lui sera donnée. »*

Le Saint-Esprit a la capacité de vous rendre sage. Dans les Écritures, nous voyons plusieurs exemples de personnes à qui le Saint-Esprit a donné une sagesse exceptionnelle. Betsaléel, a reçu un Esprit de sagesse d'intelligence et de savoir-faire nécessaires à l'exécution d'ouvrages complexes : travailler le bois, l'or, l'argent, le bronze, et façonner les pierres précieuses. Salomon a reçu une sagesse divine pour gouverner Israël avec discernement. Joseph, grâce à la sagesse que Dieu lui a donnée, a su gérer une crise mondiale de famine.

Le Saint-Esprit est prêt à vous accorder cette même sagesse. Vous n'êtes pas en reste. Il est capable aujourd'hui de vous rendre sage et intelligent, de vous aider à prendre les bonnes décisions et à vous équiper afin d'exceller dans vos activités.

C'est la parole que le Seigneur vous adresse. Faites confiance au Saint-Esprit, car il désire vous guider dans la sagesse, et sur le chemin de Sa volonté.

CHAPITRE 10

ENFILEZ VOS GANTS ET DÉFIEZ VOS ÉCHECS

«Ce n'est pas parce que les choses sont difficiles qu'on ne s'y attaque pas ; c'est parce qu'on ne s'y attaque pas qu'elles restent difficiles.»

Sénèque

Cette citation, je l'ai entendue pour la première fois en 2017, lorsque je suis arrivé en France pour poursuivre mes études. Avant cela, j'avais obtenu une licence professionnelle au Bénin, en Métrologie, Qualité. J'avais ensuite postulé à l'Université d'Orléans pour intégrer un Master professionnel en Physique Appliquée – Ingénierie Physique. Sans le savoir, j'allais faire face à une épreuve particulièrement difficile. D'abord, je suis arrivé avec un mois de retard, en raison de problèmes administratifs. Ensuite, je me suis retrouvé dans un contexte où une grande partie des matières abordées en Master m'étaient totalement nouvelles. Je tiens toutefois à préciser que, bien que ma formation en licence comportait de nombreuses heures de physique, elle n'était pas comparable au cursus complet d'une licence générale en physique. Ainsi, lorsque j'ai postulé pour le Master, j'ai été admis directement. Ce fut pour moi une excellente nouvelle, car beaucoup d'étudiants venus de l'étranger sont souvent contraints de reprendre une année de licence 3 pour s'adapter. Mais par la grâce de Dieu, mes bons résultats m'ont permis d'être admis sans redoublement.

Toutefois, dès les premières semaines de cours, j'ai été profondément attristé car je découvrais un nombre impressionnant de notions de physique que je n'avais jamais vues auparavant. Là où mes camarades retrouvaient des concepts qu'ils avaient abordés depuis la Licence 1, 2 et 3, moi, je les apprenais pour la toute première fois. Les professeurs ne reprenaient pas les bases : tout allait vite, tout était nouveau, tout était dense.

En réalité, j'avais l'impression d'avoir trois années de retard dans plusieurs matières clés et lorsque je partageais mes difficultés avec d'autres, je me souviens d'une personne en particulier qui m'avait dit que c'était tout à fait normal. Selon elle, beaucoup d'étudiants comme moi, lors de leur première année en France, rencontraient des difficultés d'adaptation au nouveau système, et acceptaient de redoubler afin de mieux se préparer l'année suivante. Elle me rassura en me disant que je ne devais pas m'en faire. Même si ce conseil partait d'une bonne intention, il ne m'avait pas convaincu. Depuis le début de ma scolarité, je n'avais jamais redoublé une seule classe. Cette idée me paraissait difficile à accepter intérieurement.

Plongé dans un état d'abattement, ne sachant plus comment m'en sortir, une parole allait pourtant tout changer. Un jour, lors d'un cours de sociologie, une enseignante dont j'ai malheureusement oublié le nom nous encourageait face aux épreuves de la vie. Et au milieu de ses paroles, elle prononça une phrase qui m'a marqué jusqu'à aujourd'hui :

« Ce n'est pas parce que les choses sont difficiles qu'on ne s'y attaque pas, mais c'est parce qu'on ne s'y attaque pas qu'elles sont difficiles. »

Cette parole m'avait profondément percuté, au point où à la fin du cours, j'étais allé la voir pour lui dire combien cette citation m'avait touché. Je lui ai partagé ma situation : mon arrivée tardive, la pression académique, et ce sentiment d'impuissance face à tout ce que je devais assimiler en si peu de temps. Elle m'a encouragé à ne pas baisser les bras, à ne pas abandonner, mais à me battre et à croire en mes capacités. Ce jour-là, j'ai pris la décision de confronter toutes les matières qui me semblaient difficiles. Je comprenais que ce qui semblait difficile n'était pas insurmontable, et que les choses paraissaient difficiles parce que je ne les confrontais pas. Dès que j'ai décidé de les affronter, elles ont commencé à reculer. J'avais pris la décision de confronter chaque matière qui me semblait incompréhensible et qui me faisait peur.

Voyez-vous, mon regard avait changé. J'avais décidé d'enfiler mes gants et de défier ce qui semblait être difficile. Je développais des techniques de travail et de révision. J'étudiais avec acharnement : je lisais les livres empruntés à la bibliothèque, je visionnais des vidéos sur YouTube, je faisais des recherches en ligne.

Au-delà de cela, je m'adressais aux matières comme si je parlais à une personne. Je leur disais : *« Vous ne me faites pas peur. Je vais vous dominer. Je triompherai de vous. Je vais vous comprendre parfaitement. Vous ne serez plus un mystère pour moi, car je suis intelligent. »* Même quand je ne comprenais pas, je lisais quand même, en me répétant : « Je finirai par te comprendre. » Et par la grâce de Dieu, j'ai réussi à valider les deux années de Master sans reprendre une classe.

LES CHOSES SONT DIFFICILES PARCE QUE VOUS NE LES CONFRONTEZ PAS

Quels rêves attendent d'être ravivés en vous ? Qu'est-ce qui vous semble infranchissable, imbattable, trop puissant, trop grand ?

Ce que vous devez comprendre, c'est que ces choses ne sont pas aussi gigantesques qu'elles le paraissent. Elles prennent cette ampleur parce que, jusque-là, vous n'avez pas encore décidé de les confronter. Vous ne leur avez pas encore parlé avec autorité. Vous ne vous êtes pas encore levé avec foi pour les défier. Regardez Goliath. Ce géant faisait trembler toute une armée. Chaque jour, il sortait pour défier Israël, et personne n'osait s'approcher. Ils étaient intimidés, paralysés par la peur. Jusqu'au jour où un jeune berger du nom de David s'est levé. Il n'avait ni armure, ni titre, ni expérience militaire. Mais il avait une chose : la foi en Dieu. Et cette foi l'a poussé à confronter ce que personne n'osait affronter. Résultat ? Le géant est tombé **(1 Samuel 17).**

Vous aussi, vous pouvez faire tomber les géants dans votre vie. Osez défier vos échecs. Osez les confronter, non pas par vos propres forces, mais en vous appuyant sur la grâce de Dieu. Et vous verrez s'ils continueront à vous résister. Alors, permettez-moi de vous poser cette question : Quel est cet échec qui vous a fait baisser les bras et vous a poussé à abandonner ?
• Est-ce l'apprentissage d'une langue ? Peut-être aviez-vous commencé, mais les exigences de la vie vous ont freiné. Reprenez ce projet. Il n'est pas trop tard pour surmonter cette

barrière linguistique.

• Est-ce une formation que vous aviez abandonnée ? Retournez-y. Approfondissez vos connaissances et développez vos compétences.

• Est-ce un projet entrepreneurial qui vous tenait à cœur ? Revisitez-le. Les circonstances ont peut-être changé, mais votre vision demeure intacte. Qui sait ? Ce projet pourrait impacter des vies et transformer des générations.

• Est-ce un rêve d'écriture ? Si vous avez abandonné l'idée d'écrire un livre, un blog, une pièce de théâtre, reprenez votre plume. Rédigez un peu chaque jour, et voyez ce que le Saint-Esprit vous inspirera.

• Est-ce un programme de remise en forme ou un objectif de santé ? Engagez-vous à faire de petits pas quotidiens. Votre corps est le temple du Saint-Esprit : il mérite d'être restauré et respecté.

• Est-ce un projet artistique laissé de côté ? Peinture, musique, danse, photographie… Ce n'est pas trop tard pour renouer avec cette passion que Dieu a déposée en vous.

• Est-ce un rêve académique ou un diplôme ? Réinscrivez-vous. Même si le chemin semble long, chaque pas vous en rapproche.

• Est-ce un projet de voyage ou de découverte ? Planifiez-le avec foi. Ce que vous croyiez impossible pourrait devenir votre réalité si vous osez y croire.

• Est-ce une relation à restaurer ? Un lien familial, une amitié brisée, un mariage en crise ? Ne laissez pas l'orgueil ou la peur décider à votre place. Faites le premier pas. Pardonnez. Osez dialoguer. Dieu restaure ce qui est brisé.

• Est-ce un ministère que Dieu vous avait confié, mais que vous avez mis de côté par peur, fatigue ou incompréhension? Revenez à l'appel. Le don et l'appel de Dieu sont sans repentance. Ce que vous ne réalisez pas aujourd'hui pourrait bien être ce que des vies attendent pour être transformées.

• Est-ce une cause, un engagement social ou une vocation que vous avez étouffée ? Défendre les orphelins, aider les femmes en détresse, créer un refuge, ouvrir une école… Ne méprisez pas ce feu intérieur. S'il brûle encore, c'est que Dieu n'en a pas fini avec vous.

Ce que vous n'avez jamais confronté continuera de vous dominer. Mais ce que vous osez confronter, Dieu vous aidera à le vaincre. Aujourd'hui, décidez de vous lever. Levez-vous avec audace, avec courage, avec détermination. Ne laissez plus les échecs dicter votre avenir. Ce n'est pas parce qu'ils ont eu le dernier mot hier, qu'ils l'auront encore aujourd'hui.

Enfilez vos gants, le combat n'est pas fini. Et souvenez-vous : vous êtes un roi. Un roi ne subit pas : il domine, un roi ne fuit pas : il avance, un roi ne tremble pas, il conquiert.

Notez que, quel que soit le nom de l'échec que vous avez vécu et qui vous intimide au point de ne plus oser le confronter, il reste néanmoins dans le passé — et votre passé n'est pas votre avenir. Parfois, vous vous dites : « Et si je ne réussissais pas ? Et si j'échouais encore ? » Mais j'aimerais vous dire ceci : *«Si tu essaies et ne réussis pas, essaie, et essaie encore.»*

DÉVELOPPER LA MENTALITÉ DES BOXEURS

Dans un combat de boxe, celui qui perd n'est pas celui qui tombe. Non. Celui qui perd, c'est celui qui reste à terre, celui qui refuse de se relever, celui qui abandonne avant même que l'arbitre n'ait fini de compter jusqu'à dix.

Vous pouvez tomber. Oui, cela peut arriver. Vous pouvez faillir, échouer, être désorienté. Mais tant que vous vous relevez, vous êtes encore dans le combat. Et tant que vous êtes sur le ring, vous pouvez encore gagner. C'est la loi du ring. Et c'est aussi la loi de la vie. L'échec, ce n'est pas la chute. L'échec, c'est le refus de se relever. Ce n'est pas l'impact du coup qui vous disqualifie, c'est l'abandon. Tant que vous vous levez encore, même vacillant, vous êtes toujours un combattant en lice. Vous devez développer cette mentalité de boxeur. Vous devez entrer dans la peau d'un vrai combattant. Pas d'un guerrier de façade, mais d'un homme, d'une femme, d'un jeune, d'un adulte, qui dit même avec les joues tuméfiées, la gorge sèche, les jambes fléchies : « Je suis encore là. Je suis debout. Je vais me battre. Je ne vais pas fuir. Je vais confronter. » C'est cette mentalité-là qui change l'histoire. C'est cette posture de persévérance, cette colère sainte contre la résignation, qui vous distingue et vous élève.

À partir d'aujourd'hui, refusez de rester à terre. Refusez de croire que c'est fini. Refusez d'accepter que les échecs que vous avez vécu hier puisse vous définir.

PRENEZ DE L'ASCENDANT ET DOMINEZ

Un jour, alors que je traversais une saison difficile, j'étais dans la voiture, en plein déplacement quand l'Esprit a commencé à me parler. Il m'a dit : *«Toute situation qui te paraît trop grande, trop difficile, trop impressionnante, ce n'est pas parce qu'elle l'est réellement, mais parce que tu la regardes depuis le sol».* Il a poursuivi en m'expliquant : *« lorsque tu es en bas d'un immeuble grand, immense, intimidant, et que tu lèves les yeux vers lui, tu le verras comme une montagne, comme quelque chose d'imposant. Mais si tu prends de la hauteur, si tu montes dans un hélicoptère ou dans un avion, ce même immeuble deviendra minuscule, presque invisible. Il n'aura plus le même effet sur toi».*

En effet, le problème n'est pas la taille de ton combat ou des luttes que tu traverses, mais la position depuis laquelle tu les regardes.

Montez dans la prière.

La Bible dit que nous sommes assis avec Christ dans les lieux célestes (Éphésiens 2 : 6). En vérité, même si nous vivons sur la terre, lorsque nous demeurons en communion avec le Christ, nous sommes, par l'union avec Lui, spirituellement positionnés dans les lieux célestes. Cela signifie que nous sommes établis dans une position d'autorité, de victoire et de proximité avec Dieu.

Et puisque Dieu est dans les hauteurs, dans les sommets, et que rien ne L'effraie, rien ne devrait nous effrayer non plus. Mais cette position d'autorité est activée lorsque nous sommes pleinement conscient de notre identité en Christ, dans la communion et dans la prière.

Lorsque vous vous exposez suffisamment dans la prière, non seulement vous prenez conscience de cette réalité spirituelle, mais la présence de Dieu libère en vous une puissance. Une puissance supérieure à celle de vos problèmes, de vos échecs, de vos combats. Car en vérité, chaque situation que vous affrontez chaque difficulté, chaque échec, chaque adversité porte une charge spirituelle, une puissance invisible. Et pour les vaincre, vous devez émettre une puissance supérieure. D'où la nécessité de monter dans la prière. Vous devez prier suffisamment, intensément, jusqu'à ce que vous perciez, que vous renversiez, que vous dominiez, que vous triomphiez. Ne vous contentez pas de stratégies naturelles ou intellectuelles : associez la prière à tout ce que vous entreprenez. Soyez des hommes et des femmes de prière, qui dominent spirituellement, et qui par cette domination, prennent aussi le dessus dans le monde naturel.

Prenez votre décision

C'est le moment de tourner la page sur le passé et d'écrire une nouvelle histoire. C'est le moment d'avancer dans tous les domaines de votre vie, de progresser avec détermination.

C'est le moment de collaborer avec le Saint-Esprit pour enfanter les choses que l'œil n'a point vues, que l'oreille n'a point entendues ces choses cachées dans le cœur de Dieu, mais qu'Il révèle à ceux qui L'aiment.

C'est le moment de laisser le Saint-Esprit écrire à travers vous la chronique d'une destinée excellente et glorieuse. C'est le temps de laisser Dieu remporter les victoires par vous, car c'est Lui qui combat avec vous. Alors, prenez la bonne décision : celle de vous lever avec courage et audace, pour vaincre les échecs d'hier. Vous allez y arriver. À partir d'aujourd'hui, vous ne subissez plus : vous dominez.

Avancez à votre rythme

Avancez à votre rythme. Personne ne vous poursuit. Avancez donc au rythme de la destinée que Dieu a tracée pour vous, à la vitesse que le Saint-Esprit vous accorde. Ne cherchez pas à obtenir des résultats immédiats ni des solutions rapides, mais soyez fidèles dans le processus. Ne tombez pas dans le piège de vouloir tout transformer en un seul jour. Respectez la loi du processus.

Faites des progrès chaque jour, avec régularité et persévérance. Ce sont ces pas constants, semaine après semaine, mois après mois, qui bâtissent une progression solide et durable. Souvenez-vous, Dieu est en train de vous bâtir. Quand un bâtiment est bâti selon les plans d'un architecte, cela se fait étape par étape.

La constance est une clé que vous devez garder précieusement. Il est bon de commencer, mais il est encore plus important de persévérer. La vie n'est pas un sprint, c'est un marathon. Il vaut mieux faire un petit pas chaque jour que de déployer un grand effort sans lendemain. Concentrez-vous sur ce que vous pouvez faire aujourd'hui. Apprenez. Améliorez-vous. Disciplinez-vous. Affinez votre caractère. Développez votre vie de prière. Cultivez l'endurance. Ce n'est pas la vitesse qui garantit la réussite, mais la capacité à persévérer malgré les obstacles.

Entourez-vous de personnes qui vous élèvent. Demandez de l'aide si nécessaire. Le bon entourage favorisera toujours votre croissance.

Célébrez chaque victoire

Célébrez chaque victoire. Soyez toujours reconnaissant pour chaque petite amélioration, chaque petit progrès, chaque pas en avant, aussi minime soit-il. Si votre état a changé, même légèrement, si vous êtes devenu ne serait-ce qu'un peu meilleur qu'hier, rendez gloire à Dieu. Si vous avez atteint un palier dans votre remise en forme, même petit, célébrez-le. Partagez votre réussite avec vos proches. Si vous avez accompli un objectif, atteint un but même si cela ne représente que 1% du chemin soyez reconnaissant. Célébrez cela.

Car c'est dans la reconnaissance que Dieu relâche une nouvelle grâce. Une grâce pour aller plus loin. Une grâce pour mieux faire. Une grâce pour grandir encore.

Allez toujours plus loin

Ne vous reposez jamais sur vos lauriers. Le plus grand ennemi de votre réussite de demain, c'est votre réussite d'aujourd'hui. Même si vous avez atteint certains buts, même si vous avez connu du succès, soyez toujours conscient qu'il y a encore plus. Il y a toujours un autre niveau de profondeur à explorer, une nouvelle hauteur à atteindre, une largeur plus grande à embrasser.

Vous pouvez aller plus loin, plus profond et plus haut. Ne vous contentez pas de ce que vous avez aujourd'hui. Cherchez à vous améliorer au quotidien. Cela vous permettra de croître continuellement, d'élargir votre champ de vision, d'apprendre encore et de rester en mouvement. Cette posture vous rendra dynamique, motivé, prêt à affronter les défis et à relever les obstacles qui se dressent sur votre chemin.

Votre destinée est grande. Vous n'avez pas le temps à perdre. Vous ne vivrez pas deux fois sur la terre. C'est maintenant, ici, que vous devez bâtir, travailler, accomplir. Même si vous avez atteint vos objectifs, tournez-vous vers Dieu. Il vous communiquera la suite, la vision d'après, le plan suivant.

Ne soyez jamais satisfait. Ne vous installez jamais dans la complaisance. Soyez reconnaissant, oui, mais désirez toujours plus. Dieu a encore plus pour vous.

Vous êtes prêt.

Oui, vous êtes prêts à vous lever, à triompher, à vous battre, à reprendre votre place. Vous êtes prêts, non pas parce que le chemin est facile, mais parce que Dieu marche avec vous. Vous êtes prêts, parce que c'est maintenant. C'est la saison juste. Le moment divinement aligné. Vous êtes prêts, non plus parce que vous comptez sur vos forces, mais parce que vous avez appris à compter sur la grâce de Dieu. Vous êtes prêts, parce que vous avez compris que l'échec n'était pas une condamnation, mais une préparation. Il ne vous a pas détruit. Il vous a formé, affiné, transformé.

Vous êtes prêts, parce que quelque chose en vous est à nouveau vivant : la foi, l'espérance, la détermination. Vous êtes animés, portés, galvanisés par une force nouvelle.

Alors ne dites plus « demain ». Non. Levez-vous aujourd'hui. Aujourd'hui est le jour où vous vous relevez. Aujourd'hui est le jour où vous triomphez. Aujourd'hui est le jour où vous renversez l'échec. Aujourd'hui est le jour où vous commencez ce livre. Aujourd'hui est le jour où votre vie prend un nouveau tournant. Vous êtes prêts pour la victoire. Et par la grâce de Dieu, avec l'assistance du Saint-Esprit, vous allez y arriver.

Et souvenez-vous : *ce n'est pas parce que les choses sont difficiles qu'on ne s'y attaque pas, mais c'est parce qu'on ne s'y attaque pas qu'elles sont difficiles.*

Dieu est avec vous. Il vous soutient.

Et ensemble, vous triompherez !

Exercices pratiques

Écrivez ces projets que vous souhaitez reprendre et que vous aviez abandonné dans le passé.

CONCLUSION

Qu'importe les différents échecs que vous avez vécus : échecs scolaires, échecs maritaux, échecs professionnels, échecs financiers... Peu importe là où la vie vous a déposé, peu importe la profondeur du gouffre dans lequel vous vous trouvez, ce n'est pas un drame. Une autre vie est possible avec l'aide de l'indispensable Saint-Esprit.

Je prie que, par la grâce et l'assistance du Saint-Esprit, vous vous leviez, que vous appliquiez les principes partagés tout au long de ce livre, et que vous vous releviez pour que votre vie soit meilleure que ce que vous aviez prévu. Cela est possible. Là où vous êtes aujourd'hui n'est pas le véritable problème. Le problème survient uniquement si vous refusez d'avancer, de vous améliorer, de vous relever afin d'aller plus loin.

Les grandes personnes que vous admirez, celles que vous respectez aujourd'hui, sont très souvent passées par des échecs. Si vous preniez le temps de leur demander ce qu'elles ont vécu, expérimenté, connu, vous découvririez que la majorité d'entre elles ont traversé des moments difficiles. L'échec n'est pas une finalité, ce n'est pas un tombeau, ni un point final. Le véritable point final intervient uniquement lorsque vous-même décidez de ne pas vous relever.

Cette partie du livre que vous venez de lire constitue le premier volume du livre «*De l'Ombre à la lumière : Triompher de l'Échec par la Puissance du Saint-Esprit*». Par la grâce de Dieu, le deuxième volume sera bientôt disponible. Ce volume sera entièrement consacré aux exercices pratiques conçus pour vous accompagner pas à pas dans l'application des concepts abordés dans ce premier volume.

Vous y trouverez des outils concrets pour travailler sur vous-même, des mises en situation, des réflexions personnelles, et surtout un grand accent sera mis sur les points de prière et les confessions de foi. Car la prière est nécessaire et utile. Nous ne voulons pas seulement réussir, mais réussir avec Dieu, avec l'aide et l'assistance du Saint-Esprit. Cela n'est pas possible sans la prière.

Je crois fermement que la prière est un levier très puissant de transformation. Elle nous aligne sur la volonté de Dieu, elle nous fortifie et nous donne la puissance nécessaire non seulement pour triompher des échecs, mais aussi pour accomplir la volonté de Dieu. Comme nous l'avons appris, la véritable réussite ne consiste pas dans la possession des choses matérielles, mais dans le fait de vivre selon la volonté de Dieu.

En attendant la publication du volume 2, je vous encourage à relire les enseignements partagés dans ce livre, à les méditer et à les pratiquer dans votre vie quotidienne.

Que Dieu vous bénisse abondamment.

PRIÈRE DU SALUT

Seigneur Jésus-Christ,

Je viens à Toi aujourd'hui avec un cœur sincère.
Je reconnais que j'ai péché, que j'ai vécu loin de Toi, selon mes propres voies. Mais aujourd'hui, je me repens de mes péchés. Je demande ton pardon.
Je crois que Tu es mort sur la croix pour moi, que Tu as versé Ton sang pour le pardon de mes fautes.
Je crois que Tu es ressuscité d'entre les morts pour me donner la vie éternelle.

Seigneur Jésus, je T'ouvre mon cœur. Je Te reçois maintenant comme mon Seigneur et mon Sauveur personnel.
Prends ma vie, toute ma vie. Conduis-moi dans Tes voies.
Fais de moi une nouvelle personne. Change mon cœur, transforme ma pensée, dirige mes pas.
Je Te confesse devant le ciel et devant la terre : Tu es mon Seigneur, Tu es mon Sauveur.

Merci de m'avoir sauvé. Merci pour Ton amour. Merci pour Ton pardon. À partir d'aujourd'hui, je T'appartiens. Et je veux Te suivre, tous les jours de ma vie.

Au nom de Jésus-Christ,
Amen !

*Si vous avez fait cette prière avec sincérité et que vous souhai-
tez être accompagné(e) dans cette nouvelle vie avec le Seigneur,
veuillez nous contacter à l'adresse suivante :*
contact@indispensablesaintesprit.com

Rejoignez notre chaîne WhatsApp !
*Nous partageons régulièrement des enseignements profonds et
inspirants, autour de thématiques mensuelles : foi, restauration,
croissance spirituelle, appel, etc.*

*Scannez le QR code ci-dessous pour
vous abonner et ne rien manquer*

www.ingramcontent.com/pod-product-compliance
Lightning Source LLC
Chambersburg PA
CBHW021158160726
47994CB00001B/267